侵台戰爭

完全模擬

完全シミュレーション
台湾侵攻戦争

前日本陸上自衛隊中將

山下裕貴——著

鄭天恩——譯

明白

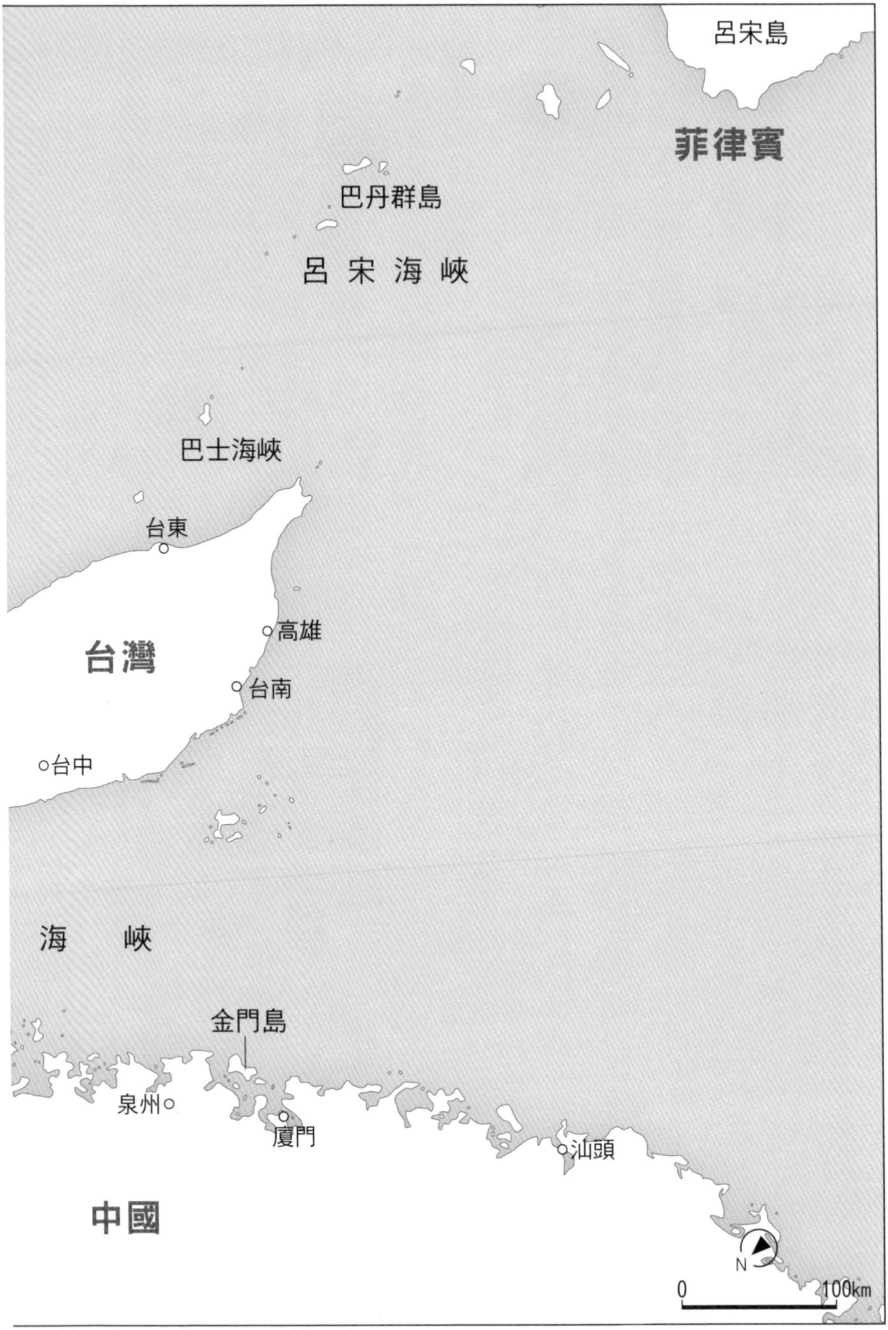
呂宋島
菲律賓
巴丹群島
呂 宋 海 峽
巴士海峽
台東
高雄
台灣
台南
台中
海　峽
金門島
泉州
廈門
汕頭
中國
N
0
100km

從中國所見的台灣

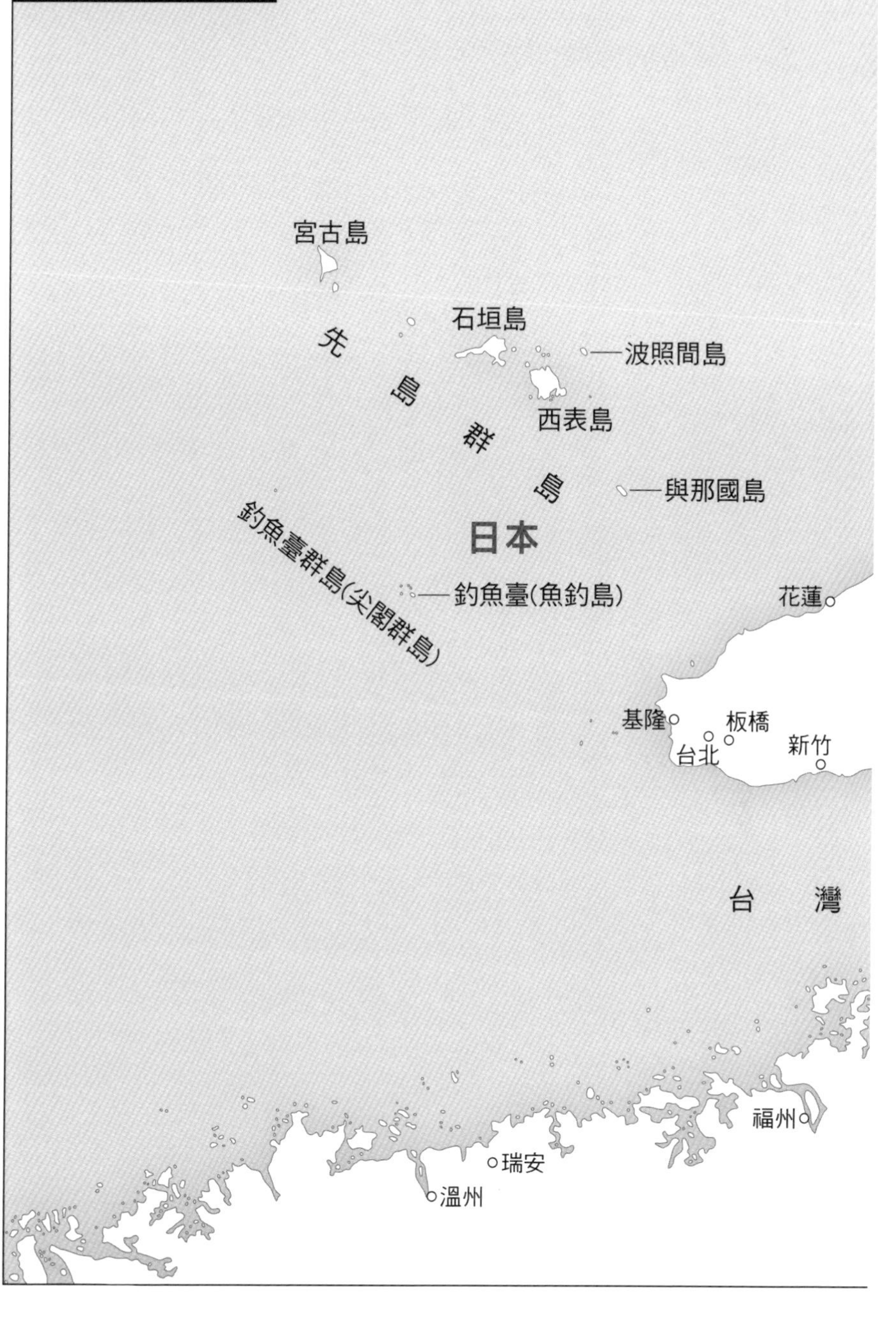
宮古島
石垣島
波照間島
先島群島
西表島
與那國島
日本
釣魚臺群島(尖閣群島)
釣魚臺(魚釣島)
花蓮
基隆
板橋
台北
新竹
台灣
福州
瑞安
溫州

「故兵聞拙速，未睹巧之久也。」——《孫子兵法》

序曲

石垣島從黎明時分起，防災警笛就不停作響，發出日本全國即時警報系統（J-ALERT）尖銳喧囂的警報聲。

巡弋飛彈帶著低沉的呼嘯聲，突破自衛隊防空網，命中石垣駐屯地。石垣港、新石垣機場、火力發電廠、通信塔陸續被飛彈命中。自殺無人機也飛到上空，破壞監視設施、燃料設施與彈藥庫。

在中國軍隊的猛攻下，石垣島瀕臨淪陷——

另一方面，與那國島的居民已經全體避難，只剩日本自衛隊留在島上。在中國電子戰攻擊下，自衛隊陷入和島外一切聯絡通訊中斷的狀態。

如同攻打石垣島一樣，中國軍隊利用飛彈攻擊，弱化自衛隊的反擊能力。大量運輸直升機降落在與那國機場，並占領此地；緊接著，重裝的中國海軍陸戰隊登陸，包圍與那國駐屯地（英文為Garrison，即中文之駐軍、守備部隊等）。

中國軍隊與日本自衛隊間的戰鬥，僅僅幾小時就分出勝負。中國使用貨輪運來輕戰車在內的軍事車輛，力壓日本自衛隊；他們占據與那國駐屯地，解除與那國沿岸監視隊的武裝。

同一時刻，中國海軍陸戰隊也登上釣魚臺（日本稱為魚釣島），高舉五星旗。

與那國島、釣魚臺被壓制的日本自衛隊，從海上展開反擊。

進入石垣島東南海域的日本護衛艦和在東海、宮古島海域展開的日本潛艦群，朝與那國島海面上的中國船艦發射戰斧巡弋飛彈。接著，自衛隊更從石垣島森林地帶的射擊陣地發射陸基反艦飛彈，讓中國船艦損害嚴重。

中國海軍隨即派遣搭載空射反艦飛彈的戰鬥轟炸機升空迎擊。

中國武力侵台戰爭，已經演變成日本自衛隊與人民解放軍間砲火四射、相互激戰的場面——

contents

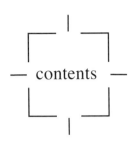

第二部 實境模擬「台灣有事」

第三部 解說「台灣有事」應變劇本

本書地圖・圖版製作　アトリエ・プラン

第一部

中國何時會武力犯台？

美國預測的「X日」

中國真的會攻打台灣嗎？

針對這個問題，我的答案是「yes」；但癥結點在於，究竟是什麼時候攻台？雖然有各式各樣的見解，但時間必定是在不久的將來，這是美軍幹部與專家共同的認知。

二〇二一年三月，美軍印太司令部司令戴維森在美國參議院聽證會中預測：「今後六年內（也就是二〇二七年前），中國很有可能入侵台灣。」

戴維森司令在二〇二二年八月又再度發出警告說：「我現在仍看不出有任何會改變這個時間軸（二〇二七年前）的變數出現。」二〇二七年是習近平總書記第三任期即將告終、虎視第四任期的關鍵時間點，將左右政治領導班子的動向，這就是戴維森此一看法的依據[1]。

美國海軍作戰部長吉爾迪在二〇二二年十月十九日，於美國智庫「大西洋理事會」的視訊會議中說：「依我自己的看法，不是二〇二七年，而是二〇二二年或二〇二三年，中國就有可能侵台。」[2]

二〇二三年二月，美國中央情報局（CIA）局長伯恩斯說出了一個令人震驚的情報：

「我們得到情報指出，中國習近平主席已經下令，要在二〇二七年前完成入侵台灣的準備。」

美國不惜讓直通中國政權中樞的重要情報來源暴露於危險當中，也要公開消息來牽制中國侵台的行動，事態就是如此迫切。

二〇二二年八月二日，美國眾議院議長裴洛西訪問台灣，引發中國激烈反彈，從當天晚上起便展開大規模軍事演習，並對台灣本土周邊地域的六個地點發射飛彈。八月四日時，中國對日本沖繩縣波照間島西南的經濟海域（EEZ）發射了五枚飛彈。日本政府立刻提出抗議，讓我再次意識到「台灣有事就是日本有事」。

前日台交流協會台北辦事處安保主任渡邊金三先生，針對中國統一台灣的時間表，做了以下分析：

二〇二二年到二〇三五年：相對於支援台灣的美國核武能力，中國的核威懾能力尚不充分，中國在此時期不得不採取「和平統一」路線。

二〇三五年到二〇五〇年：中共擁有與美國核武能力相對應的核威懾能力，此時中國可能會以傳統武力（相對於核武能力，如：飛機、戰車或船艦等）侵犯台灣。

台灣的總統選舉預定在二〇二四年、二〇二八年與二〇三二年舉行。渡邊金三認為，中國應該會採取輿論戰，支持對統一有利的政黨與候選人獲勝。

渡邊接著分析，二〇三五年以後，如果台灣的政治情勢仍對中國不利，中國就有可能採取武力入侵手段。若中國國內爆發經濟問題、人口問題、民族問題、大規模自然災害等等，造成國內民眾對共產黨政權不滿的情況下，推測中國可能會冒險侵台[3]。

中國不僅想創造出足以和美國比肩且世界一流的軍隊，也希望這支軍隊能夠在戰爭中獲得勝利；但中國若選擇與號稱世界最強的美軍正面對峙，實非上策。因此，中國想武力犯台的話，短期內就必須找出在美國正式軍事介入前可迅速達成作戰目標的方案。

美國基於《台灣關係法》，對台提供武器，強化台灣的防衛能力；拜登總統也一再發言表示，中國若武力犯台，美國有防衛台灣的責任。不過，美國真的會參戰嗎？如果會的話，又是以什麼樣的形式參戰？

在日本，政府領導與專家反覆做出「台灣有事就是日本有事」的發言。可是，中國侵台會以何種具體形式波及日本？自衛隊會和人民解放軍直接對決嗎？關於這些「有事」的具體內容，並未被清楚解釋過。不過，針對「台灣有事」發生時的應對方針，政府高層與執政黨議員其實都默默持續研究，這也不是祕密。

二〇二二年有十幾位國會議員集結起來，進行了好幾次完全不公開的兵棋推演。因為兵推也是日本政府面對危機處理的應對方式，所以我也以企劃、指導者的身分參與其中。

台灣走向「獨立」的時候最危險

根據美國政府資料，中國武力犯台的導火線可推定為以下幾種狀況：

①台灣宣布獨立，或是台灣表明獨立進程的時候

②台灣申請加入聯合國的時候（明確朝向獨立發展）

③台灣內部混亂（統派與獨派對立等）

④台灣開始裝備核子武器

⑤台灣要求維和部隊駐紮的時候（外國勢力與外國軍隊進駐台灣）

讓我們來逐一檢視。

首先是④，台灣應該不可能擁有核子武器；台灣當局人士不會發表這樣的言論，美國也不會同意台灣擁核。

③所呈現社會的混亂也很難想像。台灣的經濟穩定成長，除了中國煽動以外，很難有社會混亂的情形發生。

因為台灣民眾大多支持維持現狀，①的獨立宣言也應該不會發生。⑤邀請維和部隊駐紮很困難；但當台灣陷入紛爭狀態、局勢升溫的時候，台灣政府有可能提出派遣維和部隊駐紮的請求。

因此，最有可能的就只剩下②，台灣申請加入聯合國，朝獨立邁進。儘管台灣這樣做，並非明顯宣布獨立，但中國還是有可能自行判斷台灣「正意圖走向獨立」。

二〇二二年二月二十四日，俄羅斯入侵烏克蘭的名義是「守護遭到種族屠殺和壓迫的人們，進行『去軍事化』與『去納粹化』」。

烏克蘭加盟北約的可能動向，已超過俄羅斯的容許界線。

即使是極小的徵兆，對打算挑起戰爭的國家來說，都足以變成開戰的理由。換言之，台灣展開國際活動有可能觸碰中共敏感神經，從而讓中國獲得武力犯台的理由，讓戰爭有了導火線。

現在台灣允許美國以訓練和指導為目的，派遣軍人到台灣，但如果美軍以常規部隊進駐台灣，中國很有可能就無法接受了。

另外還有一種可能性很低的狀況，就是當台灣被納入「集體安全保障」的架構下，或是台灣邀請以美軍主導的多國聯軍駐紮時，中國也不會坐視不管。

二〇一六年，台灣總統大選誕生了民進黨的蔡英文政權，此後在中國政府施壓下，和台灣維持邦交的國家從二十二國減少到十三國，台灣的外交環境日趨惡化。儘管如此，蔡英文總統還是在二〇二〇年一月的總統大選中，獲得台灣政治史上最高的八百一十七萬二百三十一票，成功連任。

西歐各國對台灣海峽的安定化，表現強烈的關心。歐洲議會在二〇二一年十月通過與台灣強化關係的議案，並在次月組成議員團訪台。

波羅的海三國之一的立陶宛，在二〇二一年八月發表聲明，表示願意和台灣展開互惠關係，十一月在首都維爾紐斯開設了台灣駐立陶宛代表處。中國政府大表反彈，發表堅決反對立陶宛做法的公告。

日本與台灣沒有外交關係，台灣是以設置「台北駐日經濟文化代表處」來代替大使館，並未直接冠上台灣的名號。

中國認為「台灣是中國一部分」，並且把「一個中國」當成國家的根本原則，發表各種對台言論。

台灣也相當清楚中國的想法，所以絕不公然提出獨立的主張；但蔡英文總統抱持「兩個中國」的立場，在與中國建立對等關係的方針下，運作政權。

有一種想法認為，當日本因二次大戰後戰敗而放棄台灣的時候，台灣就算達成獨立了；戰後台灣存在的「台灣國」，是與從大陸逃亡過來的「中華民國」並存。從這個觀點來看，台灣其實已是獨立國家了[4]。既然已經獨立，就沒有必要發表獨立宣言，可直接以對等的立場來建構與中國的關係。

蔡英文總統在二〇二二年十月十日紀念「中華民國建國」的雙十節演說中，揭示了台灣與中國持續對話的方向：

「我要呼籲北京當局，兵戎相見，絕對不是兩岸的選項。唯有尊重台灣人民對主權和民主自由的堅持，才是重啟兩岸良性互動的根本。」

關於國防，蔡總統主張「台灣有自我防衛的責任」，她指示要擴大精密導向武器和高性能艦艇的量產，並致力確保小型機動性高的武器。她一方面企圖強化防衛力，另一方面也要求對「外部軍事威脅」要有萬全的應對準備[5]。

話雖如此，「對等關係」這句話其實相當曖昧，也很有可能被人解讀成以獨立國家之姿和中國彼此對等。「台灣正在往『獨立』方向邁進」將刺激中國敏感神經。

如果台灣打算以觀察員身分參與聯合國大會，中國將會認定為台灣要在聯大會場發表獨立宣言，從而給了中國犯台的口實也說不定。

習近平的野心

另一方面，中國的習近平總書記在二〇二一年七月一日共產黨創立一百週年紀念儀式上，做了以下的演說：

「解決台灣問題，實現祖國完全統一，是中國共產黨矢志不渝的歷史任務，是全體中華兒女的共同願望。」

「包括兩岸同胞在內的所有中華兒女，要和衷共濟，團結向前，堅決粉碎任何『台獨』圖謀，共創民族復興美好未來。任何人都不要低估中國人民捍衛國家主權和領土完整的堅強決心，堅定意志，強大能力。」

在同年十月九日的辛亥革命一百一十週年紀念儀式上，他也做了這樣的演說：

「祖國完全統一的歷史任務一定要實現，也一定能夠實現。」

「台灣問題純屬中國內政，不容任何外來干涉。任何人都不要低估中國人民捍衛國家主權和領土完整的堅強決心，堅定意志，強大能力。」

他說這些話，就是要牽制外國勢力對中國統一的干涉和台灣獨立的動向。

二〇二二年十月，中國共產黨在第二十次大會（全稱為中國共產黨第二十次全國代表大會）之前召開重要會議，發表了確立習近平在共產黨中的核心地位與思想指導地位，亦即所謂「兩個確立」口號的聲明。

接著他們更修改黨章，認可習近平主席破例的第三任任期。習近平主席在中共黨中央委員會（全稱為中國共產黨第二十屆中央委員會）政治報告中宣示，對於台灣統一，「決不承諾放棄使用武力，保留採取一切必要措施的選項」。

在政治報告中關於台灣統一的部分，記述如下[6]：

〈堅持和完善一國兩制，推進祖國統一〉

解決台灣問題，實現祖國完全統一，是黨矢志不渝的歷史任務，是全體中華兒女的共同願望，是實現中華民族偉大復興的必然要求。堅持貫徹新時代黨解決台灣問題的總體方略，牢牢把握兩岸關係主導權和主動權，堅定不移推進祖國統一大業。

我們堅持一個中國原則和「九二共識」，堅定反「獨」促統。解決台灣問題是中國人自己的事，要由中國人來決定。我們堅持以最大誠意，盡最大努力爭取和平統一的前景，但決不承諾放棄使用武力，保留採取一切必要措施的選項，這針對的是外部勢力干涉和極少數「台獨」分裂分子及其分裂活動，絕非針對廣大台灣同胞。國家統一、民族復興的歷史車輪滾滾向前，祖國完全統一一定要實現，也一定能夠實現。

習近平總書記的「決不承諾放棄使用武力」，引發了台灣總統府強烈反彈，表示：「我們在主權問題上絕不退讓，在民主主義與自由主義上也不會妥協。」

台灣駐美台北經濟文化代表處的蕭美琴代表在接受媒體訪談時，她不僅譴責「中國政府與人民解放軍採取包含軍事演習在內，不負責任的挑釁行動」，也表示中國散播假訊息，企圖影響台灣政治等，使得台灣天天受到中國發動「灰色地帶」戰術的攻擊[7]。

接著在十月二十三日的黨中央委員會一中全會（全稱為中國共產黨第二十屆中央委員會第一次全體會議）中，第三任的習政權正式上路。最高領導班子的政治局（全稱為中國共產黨中央政治局）七名常委，全被習近平與其心腹所壟斷，呈現出強大且鮮明的權力集中。

習政權最大的政治課題是統一台灣，這也是他的夙願。黨相關人士中有人斷言：「習政權對台灣問題一定會有動作；反過來說，一日不收拾台灣問題，習政權就會一直持續下去。」[8]

一中全會決定出政治局委員二十四人、政治局常委（從政治局委員中選出）七人以及中央軍委會（全稱為中國共產黨中央軍事委員會）七人，並構成黨內領導班子。李克強總理、胡春華副總理都被排除在政治局常委之外，也就是過去被視為菁英養成機構的共青團出身者，都遭到排除。出於對毛澤東個人崇拜與權力集中導致文化大革命的歷史反省、由鄧小平確立的集體領導制，自此徹底瓦解。

習近平主席雖然建立了由心腹壟斷政治局常委的強權體制，但中國內部也不能說就沒有反體制派。

獨裁者若是長期維持政權，就會引發巨大反彈，黨內黨外的不滿分子也會增加。這樣的統治方式將面臨愈來愈不利的情勢，且不知會因為什麼因素而觸發統御危機。

一中全會同時也發布了中央軍委會的人事。

中央軍委會主席由習近平持續擔任，第二號人物、也就是軍方高層的副主席張又俠留任，「東部戰區」前司令員何衛東則陞任為中央軍委會的一員。有長期在台灣對岸福建省任職經驗的何衛東，於二〇二二年一月由東部戰區司令員，異動到人民解放軍中樞「聯合作戰指揮中心」。在裴洛西議長訪台後的大規模演習等活動中，可以看到他統籌指揮的身影。熟知東部戰區作戰的何衛東就任重職，應該是為了讓台灣發生戰爭時作戰指揮可順暢無礙而做的人事布局吧。

軍事方面還有另一個值得注目的人事任命，就是東部戰區司令員林向陽陞任黨中央委員。林向陽出身福建省，在一月接替何衛東，出任東部戰區司令員。據黨相關人士透露，在台灣情勢緊張之際，由黨中央委員直接擔任負責台灣的戰區司令員一職，是因為「習近平判斷，有必要把值得信賴的司令官安插在第一線」。

又，前陸軍司令員劉振立也陞任中央軍委會委員，且很有可能被啟用為聯合參謀部參謀長[9]。

中國的內部狀況

中國領導班子在怎樣的條件下，會下定決心攻打台灣？

在二〇〇五年三月制定的《反分裂國家法》中，中國明文規定行使武力的情況：「和平統一的可能性完全喪失，國家得採取非和平方式及其他必要措施，捍衛國家主權和領土完整。」換言之，當中國領導班子判斷和平統一已完全喪失可能性時，就符合這項條文的要件。

除了台灣的動向以外，也有其他會成為中國犯台導火線的要件，那就是來自中國內政方面的壓力。中國共產黨建國以來，始終都沒能達成中國的完全統一，但自香港事實上統一後，剩下的就只有台灣而已。

當中國國內經濟狀況惡化，國民不滿達到臨界點，並將矛頭指向共產黨政權時，中國當局就很有可能下定決心對台灣行使武力。

這時候他們高舉的，就會是「中華民族偉大復興」的大旗。

還有其他可能性，那就是對習近平的個人崇拜。

北海道大學的城山英巳教授注意到習近平的成長歷程；習近平的父親——前副總理習仲勳，在文化大革命期間遭到政治迫害，歷經長達十六年的軟禁與監禁，習近平年少時也被當成反動子弟，在十五歲時下放到農村，飽嚐苦楚。

在這之後習仲勳獲得平反，習近平也沾了父親的光，得以出人頭地。習近平把從文化大革命中存活下來的經歷，轉換成自己的成功；他的目標是建立沒有貧富差距的社會，也就是「共同富裕」（文化大革命的目標之一），在習近平這個目標實現前，我們看見了猶如毛澤東革命時代翻版的國民狂熱[10]。

透過在人民解放軍創立一百週年的重要時刻，也是人民解放軍強化目標完成、執行戰爭能力最強的二〇二七年左右入侵台灣，達成中國統一，將能煽動國民的狂熱，展開第四任期執政，化身超越毛澤東的領袖，在歷史留名——這就是習近平的劇本吧！

在此之前，如果二〇二四年的台灣總統大選中，獨立傾向強烈的民進黨候選人處於有利情勢，也可能會讓他們得到侵略的口實。台灣的總統大選是四年一次，美國總統選舉也在同一年。如果中國研判美國總統大選前後有權力真空，或無法做出強力政治決斷的話，很有可能會認為是天賜良機。

「台灣海峽」是一大阻礙

美國國防部二〇二二年度《中國軍力報告》中指出，負責台灣海峽作戰的是人民解放軍所屬東部以及南部戰區的部隊，包含增援部隊在內，兩戰區合計約有四十二萬人的戰力將投入對台作戰。

另一方面，台灣軍隊約九萬人，就地面戰力來看，中國軍隊是台灣軍隊的四點六倍。海上戰力從海面艦艇來看，中國海軍有七十三艘，是台灣海軍二十六艘的二點八倍；航空戰力光看戰鬥機，中國空軍有七百多架，是台灣空軍三百架的二點三倍。

一般認為在軍事上，攻擊方要有防衛方三倍以上的戰力；故此，中國方面實際上已擁有最低限度的攻擊戰力。

許多日本人都認為，既然中國擁有如此強大的軍事實力，一定恨不得馬上渡過台灣海峽，攻打台灣吧？但中國軍隊面前橫亙著台灣海峽，和以陸地接壤的俄烏戰爭有明顯的不同。

台灣海峽狹窄處約一百四十公里，潮流迅速，冬天時會吹起強風，還會有濃霧，夏天則常有颱風經過，堪稱是阻擋在中國軍隊面前的自然屏障。因為海峽阻撓了大批船隊整齊行動，所以入侵只能限定在初春或初秋。

既然如此，那中國軍隊的海上運輸能力又如何呢？

在二〇二二年，中國海軍有八艘船塢型登陸艦、三十艘戰車登陸艦、三艘可以搭載直升機的兩棲突擊艦，但這些加起來只能同時輸送二萬人。為了補其不足，他們也會徵用民間貨輪來增加運輸能力。據估計，到二〇二五年左右，中國的艦艇會增強到十二艘兩棲突擊艦的水準。

二〇一七年時中國有五千二百零六艘的千噸級船舶、總噸位一億六千五百萬噸；而香港則有一千五百三十二艘的千噸級船舶、總噸位九千三百六十三萬噸[11]。當搭乘軍用船隻的先頭部隊搶灘登陸，並確認掌握台灣主要港灣後，就可以讓搭乘貨輪的後續部隊登陸。只是，大規模徵用民間船隻，對中國的物流體系會造成很大影響，也會為國民生活帶來負擔。

登陸台灣本島也有很多障礙；台灣西部適合登陸的地點只有台北市、台南市以及部分的台中市海岸。

部隊從海岸登陸後，馬上就進入廣闊的市鎮區域，很難確保能在十分廣闊的土地部署作戰。

就算達到入侵內陸的階段，台灣也有最大的障礙——貫串南北、將島嶼分割為東西兩邊的天險，中央山脈；那是以海拔三千八百二十五公尺的秀姑巒山為首，一整排海拔超過三千公尺的高峰綿延。在這種地形障礙下，要推進到台灣東部地區，可說極其困難。

台灣軍隊會巧妙利用地形建構陣地，讓台灣海峽等障礙的效用發揮到極致。包括視距外的飛彈攻擊、水雷、地雷的鋪設，還有反裝甲火力的組織化，台灣軍隊有組織的防禦戰力絕對不可小覷。不只如此，中國還必須考慮美國介入與日本的因素。

就現狀來說，進攻台灣需要相當激烈的戰鬥，作戰也極其困難。

可是，我們從俄羅斯侵略烏克蘭可以看出，極權國家只要領袖下定決心，就算再大的困難與犧牲，也會發動戰爭，這點是不可忘記的。

《台灣關係法》與美國對台的支援

美國在二〇二二年二月，發表了拜登政權首次的地域性戰略——「印太戰略」。由於印太這個地區會面臨中國壓力增強等課題，美國打算攜手盟國與合作夥伴，維繫自由開放的印太地區，並強化地域安全保障。

拜登政權把中國定位為挑戰美國繁榮、安全保障、民主價值觀「特別嚴重的競爭對手」。美國對台灣的軍售在川普執政時有過十一次，拜登政權也在持續進行。

美國和台灣之間並沒有正式的同盟關係，兩國只靠《台灣關係法》來聯繫默契，兩軍也沒有共同作戰的組織層級。曾在蔡英文政府擔任參謀總長的李喜明就說：「美台間並沒有共通的指管通情體系，也沒有共同的作戰計畫。（當台灣發生戰爭時），美國與台灣要共同作戰，實在相當困難。」12

另外，台美雖然平時就會交換軍事情報，並進行共同訓練，但合作僅止於這樣的程度，很難提高共同作戰實際效能。

美國在一九七九年隨著美中關係正常化及台美斷交，廢止了《中美共同防禦條約》；之後卡特政府為了繼續保持和台灣的關係，制定了《台灣關係法》。

美國也害怕台美斷交會讓東亞軍事平衡急遽變化，從而誘使中國入侵台灣，所以才制定了這個法案，作為牽制措施。法案中有關安全保障，特別重要的條文如下：

- 美國決定和「中華人民共和國」建立外交關係之舉，是基於台灣的前途將以和平方式決定的期望；
- 任何企圖以非和平方式來決定台灣的前途之舉——包括使用經濟抵制及禁運手段在內，將被視為對西太平洋地區和平與安定的威脅，美國極度關切；

● 提供防禦性武器給台灣人民；

● 維持美國的能力，以抵抗任何訴諸武力、或使用其他高壓手段危及台灣人民安全及社會經濟制度的行動。

美國基於這樣的規定，從台灣海峽局勢升溫的階段開始，就讓以海軍為核心的美軍，在台海展開積極動作。

那麼中國開始入侵時，美國會參與到什麼程度呢？會像烏克蘭戰爭那樣，提供武器等裝備嗎？還是直接投入部隊，進行介入呢？依介入的形式不同，有可能演變成中美之間的全面衝突。

美國要軍事介入時，中國的核武能力是必須憂心的事項。在烏克蘭戰爭中，俄羅斯也是動不動就威脅要使用核武。當擁核國家發動戰爭的時候，究竟美國該有投入核戰的覺悟，還是要在不擴大成核戰的情況下，進行有限的作戰行動？這就變成一個抉擇。

美國為了印太地區的和平與安定，配置了陸、海、空、海軍陸戰隊聯合的印太軍隊。

在印太軍隊（印太司令部）轄下的聯軍，包含了駐韓與駐日美軍。印太軍隊由太平洋陸軍、太平洋艦隊、太平洋海軍陸戰隊、太平洋空軍所構成，總兵力約十三萬一千人，司令部設在夏威夷。

太平洋艦隊的主力是以橫須賀為母港的「第七艦隊」。這是一支在戰時可達六十艘艦艇的龐大艦隊，其航母打擊群（全稱為航空母艦打擊群），是以核動力航空母艦「雷根號」（艦載機最高九十架）為中心的戰鬥部隊。

在美國應對台海戰爭初始階段時，就是以雷根號航母打擊群中的兩棲登陸指揮艦藍嶺號擔任旗艦，作為海上主要戰力。

不過，比第七艦隊更讓中國感到威脅的，是美國太平洋空軍的航空戰力。在印太司令部指揮下，有第五航空隊（駐日本）、第七航空隊（駐韓國）、第十一航空隊（駐阿拉斯加），總共十個戰鬥機聯隊。美軍在印太地區一直保有戰鬥機約二百五十架，以及三艘航空母艦程度的航空戰力。

動。

沖繩縣的美軍基地也位在第一島鏈北端，直接扼制中國海軍涉足太平洋地域的行動。

為了強化美軍在印太地區的存在感，美國海軍開始推動「分散式海上作戰」（DMO）。他們在日本佐世保市配備了強化艦載機運用能力的兩棲突擊艦「美利堅號」，以及船塢登陸艦「紐奧良號」。

空軍開始推動運用戰鬥機和無人機的「敏捷戰鬥部署」（ACE）。

陸軍推動包含認知作戰在內的「多領域作戰」（multi-domain operations）構想。

海軍陸戰隊則重視海洋強兵任務，創設了陸戰隊濱海作戰團，並積極推動地域配備等「遠征基地前進作戰」（EABO）。

進步驚人的人民解放軍

中國看到美國於一九九一年波斯灣戰爭期間對指管通情系統的活用，以及精密導引武器的使用狀況，研判自己的軍隊實力嚴重落後美國，於是著手研究以現代指揮系統應用於資訊化戰爭為核心概念的作戰構想。

二〇一二年，人民解放軍提出「信息化局部戰爭」的軍事綱領、「一體化聯合作戰」的構想，以及「基於信息系統的體系作戰能力」，進行大規模的組織改革。二〇一七年，解放軍更提倡「基於網絡信息體系的聯合作戰能力」與「全域作戰能力」，企圖強化整合作戰能力。

現在，人民解放軍正在推動「多域一體聯合作戰」與「智能化條件下的聯合作戰」等新作戰構想。在習近平「創造能打勝仗的軍隊」的指令下，解放軍每年投入巨額軍事預算企圖達到現代化的目標。

習近平總書記在前述的二〇二二年十月第二十次大會政治報告中明言，要「加快把人民軍隊建設成世界一流軍隊」；至於第三任期末、二〇二七年時的「建軍一百年奮鬥目標」，則是必須「如期實現」，「打造強大戰略威懾力量體系」，「優化國防科技工業體系和布局」。

習近平也揭示強化核武能力的方針，表示要以民間最尖端技術來強化軍隊實力，也就是所謂的「軍民團結」[13]。

具體來說，就是到二〇二七年前，要加速機械化、資訊化、智能化的融合發展，並強化軍事理論、組織型態、人員、裝備的現代化速度。

不只如此，到二〇三五年要「與國家現代化進程相一致，全面推進軍事理論現代化、軍隊組織型態現代化、軍事人員現代化、武器裝備現代化……基本實現國防和軍隊現代化」，到二〇四九年更要「將人民解放軍打造成世界一流的軍隊」。

中國在二〇二三年三月五日的第十四屆全國人大（全稱為中華人民共和國全國人民代表大會）第一次會議上，提出了和前一年相比增加百分之七點二、人民幣一兆五千五百三十七億元（約三十兆五千六百億日圓）的國防預算。中國的國防預算僅次於美國，居世界第二位，是日本令和五年（二〇二三年）度預算的四點五倍，約台灣的十二倍。他們對武力犯台念茲在茲，不斷擴軍。

美中兩軍間戰力最明顯的差距在於核彈頭數量。在二〇二二年，美國擁有約三千七百枚，中國則只有約三百五十枚，兩者的差距達到十倍[14]。

美國國防部指出，中國打算在二〇二七年將核彈數增加到七百枚，二〇三〇年更增加到一千枚。由於美國在歐洲部署核武是為了提防俄羅斯，中國增加核彈頭，會對美中核武平衡會造成很大的影響。

另一方面，中國積極開發極音速和超音速兵器，建造航空母艦、新型巡洋艦、兩棲突擊艦等增強海上戰力，同時也推動太空、網路、電磁波作戰的能力提升。若這些舉動能讓整體戰力傾向對中國有利，則武力犯台就有實現的可能性。

在美國陸軍發表的「中國戰術」公開資料開頭，就有這樣的記述：

「中國人民解放軍繼承了中國兩千年以上的軍事傳統。中國有很多世界最有名的軍事戰略與哲學經典，其中《孫子兵法》對全體中國人民解放軍的思維影響極深。」

可見美軍對中國軍隊的研究有多深，光看上述這一段話就能夠清楚理解。

日本自衛隊的「實力」

另一方面，可能面對中國入侵，並與之相互對峙的日本自衛隊，戰力又是如何？

日本在二〇二二年十二月訂定的「防衛力整備計畫」中，陸海空自衛隊的戰力是以二〇三三年左右為目標，大致要整備到以下地步：

陸上自衛隊是由九個師團、五個旅團、一個裝甲師團所組成，約十四萬九千人。對敵防空飛彈射程外攻擊的距外飛彈部隊，包含了七個陸基反艦飛彈連隊、兩個島嶼防衛用滑空彈大隊、兩個長程導彈部隊與八個高射特科群。

海上自衛隊是由水上艦艇部隊六個群、潛艦部隊六個潛水隊、巡邏機部隊九個航空隊所組成，擁有五十四艘護衛艦（含十艘神盾艦）、神盾系統搭載艦（反彈道飛彈專用艦）二艘、巡邏艦十二艘、潛艦二十二艘、作戰飛機約一百七十架。

航空自衛隊是由戰鬥機部隊十三個飛行隊、地對空導彈部隊四個高射群、太空領域專門部隊一個隊所組成，擁有作戰飛機約四百三十架（含戰鬥機約三百二十架）。

當然，在這個體制整備完成之前，很有可能台海戰爭已經發生。

有關台海戰爭出動的自衛隊，在檢驗其作戰任務之前，必須先談談一些根本的議題。

當台灣發生戰爭時，日本不管情不情願，都一定會被捲入其中。畢竟，先島群島在地緣政治上和台灣極度接近，沖繩的美軍基地也是美軍支援台灣的作戰基礎。

基於二〇一五年修正、改稱的《重要影響事態法》，自衛隊會為作戰行動中的美軍艦艇等提供後方支援；若事態緊急，從「危急存亡事態」轉變成「武力攻擊事態」時，日本自衛隊勢必會與人民解放軍直接交戰。

在這種時候，自衛隊會以怎樣的形式和台灣軍隊合作？又會怎樣應對呢？和美國一樣，日本與台灣並沒有邦交，當然也沒有同盟關係。雖然要共同作戰近乎不可能，但台灣親近日本，也擁有民主法治等共通價值，日本不會對台灣見死不救。

台灣前參謀總長李喜明也說：

「（日本在『台灣有事』時）扮演著關鍵角色，但我並不認為他們會協助台灣。（在日本支援介入美軍的情況下），事前得知台灣的防衛戰略並進行準備，符合日本的國家利益。日本雖擔心與台灣建立官方直接接觸，但應該與非官方的防衛體系進行接觸。」15

「自衛隊是軍隊嗎？」這是個常常聽到的疑問。姑且不論日本憲法的解釋，單從自衛隊的組織、裝備與運用來看，它毫無疑問可說是一個軍事組織。在國際貢獻（國際緊急救援、難民救援等）和海外訓練的時候，國際間也都把它看成是軍隊。

可是實際上自衛隊是「行政機構」，也是「武裝公務員的集合體」。

舊（大日本帝國）陸軍規定「針對國軍的建設、維持、管理、運用等各事項設立軍制，而一國的軍備就是軍制實施的具體展現」16，由此可知，軍隊是以軍制為基礎。軍制大體包含了以下這些本質：

一、軍政事務：有關軍事建設、維持、管理的事項

二、軍令事務：有關部隊編成、指揮運用的事項

三、混合事務：軍政與軍令兩者區分不明確的事項

四、軍事審判事務：處理軍事相關犯罪的事項

在各外國軍隊中具備的軍事審判機構（軍事法庭），自衛隊則未設立。在戰爭時

期這個特殊環境下所發生的事件，不能以承平法律來裁定軍事案件，因此，軍隊會設置專門負責軍事審判的軍事法庭。在一般刑法下，戰鬥中因指揮官的命令發生誤射事件時，根據罪狀很有可能會判處射擊隊員殺人罪，而指揮官可能會被判處無罪；但若依照軍事法庭的審判，誤射的責任會被徹底歸咎於指揮官所下達的命令，故而判處指揮官重罪。

從這點就可以清楚看出，欠缺軍事審判機構的自衛隊並不能稱之為軍隊。

二戰終結後的七十八年間，托天之幸，日本享受著沒有被捲入戰爭的和平。自衛隊也不曾從事防衛任務，因此「軍事審判」制度欠缺的問題，並沒有浮上檯面。但當「台灣有事」波及日本，自衛隊必須採取行動時，自衛隊這個武力組織，要怎麼維持團結、紀律與士氣呢？這是必須檢討的法律課題。

第二部

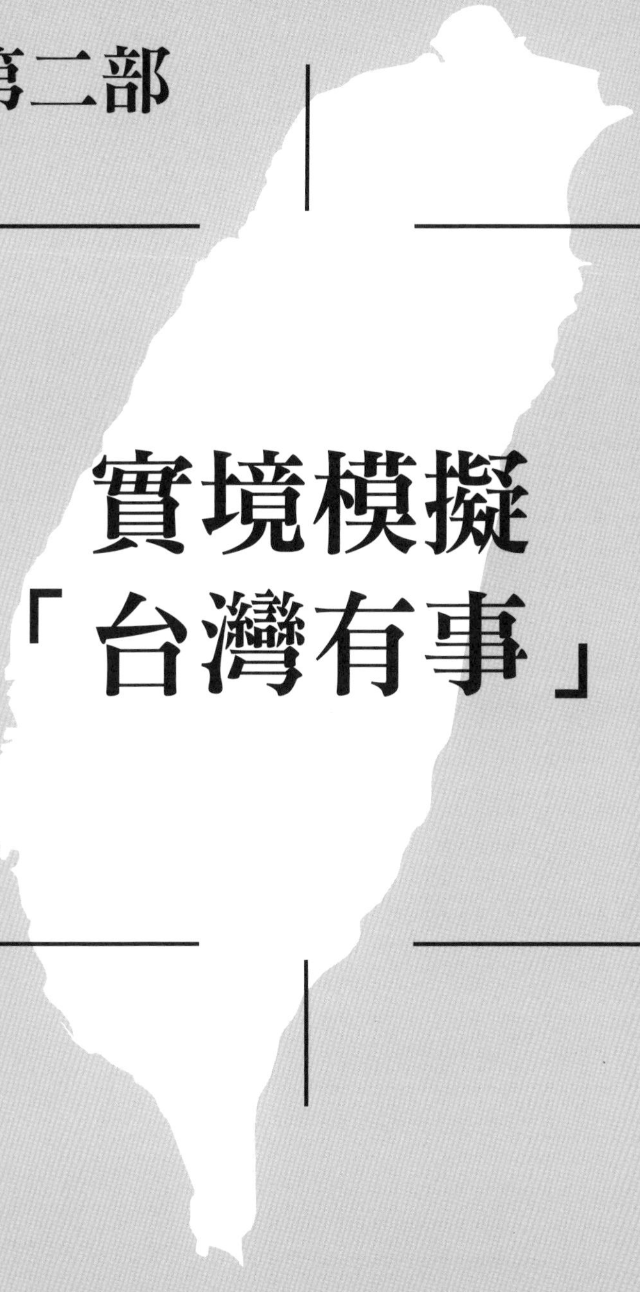

實境模擬
「台灣有事」

這個章節，立基於各式各樣有關中國、台灣、美國、日本的軍事能力情報，並根據外界公認最有可能的劇本，模擬中國武力犯台、波及日本，以及美國參戰的整個事態發展。本書展開的軍事模擬劇本，反映出我前面所提到那場以國會議員為主所作的兵棋演推成果，也就是日本政府面對台海戰爭時的應對方式。

完全模擬中國武力犯台（至X日為止）

針對二〇二四年一月舉行的台灣總統大選，中國在台灣周邊地域展開大規模軍事演習。

中國運用社群軟體，對民進黨的賴正巖候選人進行誹謗與中傷（因為是兵棋推演，原文在這裡特別使用化名來呈現候選人姓名），並透過干預民調等方式，展開輿論戰與情報戰，設法讓台灣親中派的國民黨候選人獲勝。

但最後民進黨的賴候選人以些微差距獲勝，就任第八任中華民國總統。

眼見對中強硬且獨立傾向強烈的政權誕生，中國對台的「戰狼外交」（基於好戰發言的外交）也跟著強化。中國使用援助外交為手段，鎖定台灣尚有邦交的瓜地馬拉、教廷、海地、巴拉圭、史瓦帝尼、吐瓦魯、聖文森及格瑞那丁、聖克里斯多福及尼維斯、貝里斯、馬紹爾、帛琉、諾魯、聖露西亞等十三個國家展開金援攻勢，大挖牆角。

台灣土地面積比日本九州略小，為三萬六千平方公里，人口則和澳洲差不多，有二千三百萬人。她的GDP排名全球第二十二位（二〇二一年），出口貿易總額排名第十六位，IC封裝產業排名世界第一；儘管如此，因為台灣未加入聯合國，在很多國際組織中都看不到她的身影。

基於台灣的重要性，西方各國普遍認為台灣應該加入世界衛生組織（WHO）、國際海事組織（IMO）、國際民航組織（ICAO）等國際機構，或至少以觀察員身分參與，但中國都強烈反對。不只如

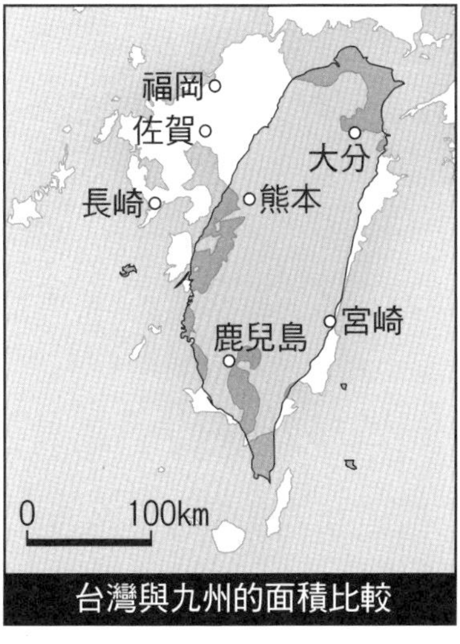

台灣與九州的面積比較

此，中國以經濟和軍事援助為籌碼，讓中亞、非洲、中南美等諸多國家也跟隨她的腳步，強烈反對台灣加入上述國際組織。

中國透過社群軟體不斷散播「台灣政府實行暴政，奪取人民自由；部分政治家貪圖利益，偏袒富裕階層」的假情報，在國際間展開「中國是正義，台灣是邪惡」的認知作戰。

二〇一二年，全世界實行「自由民主」制度的國家與地區有四十二個，但二〇二一年，已減少到三十四個[17]；隨著威權體制國家數量增加，有助中國認知作戰的效果。

中國無法自國內不動產泡沫化的後遺症中脫身，機械零件等出口產業被新興國家迎頭趕上。半導體等先進產業競爭愈來愈激烈，快速成長的亞洲各國急起直追，導致中國產業基礎流失，使得中國經濟成長大幅衰退。

另外，國內貧富落差擴大、環境遭到破壞、社會急速高齡化、農村土地乾旱、地震與颱風災害頻傳，嚴重打擊農業生產，國民的不滿被逼到臨界點。

這樣下去，中國人民將不滿指向共產黨政權，甚至可能使得一黨支配的政權基礎瓦解。在政權內部，也出現意圖以經濟政策失敗為由，想推翻現行領導班子的官員。

習近平必須排除各種國內障礙，才能穩固他的政權基礎。

【人民解放軍的實力與狀態】

另一方面，人民解放軍於二〇二X年達成軍事強化目標（機械化、資訊化、智能化），整合作戰能力大為提升，並也擁有「打贏信息化局部戰爭」的軍隊，能即時地透過網路戰贏得地域戰爭的勝利。

中國陸軍推動部隊精簡化、高機動化與裝備現代化，後勤補給能力隨之提升。

中國海軍則設法讓三支航空母艦部隊達到實用化的目標，不斷增加潛艦、登陸艦艇數量，並完成陸戰隊的「現代化」，從而提升登陸搶灘能力，並打造一支凌駕美國第七艦隊的遠洋海軍。

中國空軍提升警戒監視能力，進行第五代戰鬥機開發與能力現代化，並提升轟炸能力，以期獲得在西太平洋地區與美國空軍比肩的能力。

中國火箭軍除了擁有搭載核武的彈道飛彈，也增加中程彈道飛彈與反艦彈道飛彈，並積極配備敵方難以應對的極音速飛彈，提升抑制美國的核武能力。

中國戰略支援部隊強化太空戰爭能力、網路與電子作戰能力，並在民間組成數十萬名的網路作戰團，網路戰爭能力大幅躍升。

東部戰區則每年實施大規模聯合演習，提升聯合作戰能力，並將轄下部隊的快速反應能力維持高水準狀態。

中國軍隊近來在東部戰區陸海空基地及福建省軍事管制區，整備新彈藥和新燃料儲備場，大幅提升各軍續戰能力。

中國軍隊也設法讓北部戰區、南部戰區的合成旅（由步兵部隊與戰車部隊混合而成的部隊），與聯合作戰指揮中心直轄部隊，前往東部戰區進行機動訓練聯合演習，達到戰力集中的目標。另外，中國實施預備役與海上民兵的動員訓練，將最大動員數目標設定為五天內召集約四十萬人。

聯勤保障部隊司令部情報系統受命常態性監聽沿海地區航行船隻的無線電；同時也監聽進入南海與第一島鏈的國際航線船隻。

【X日倒數前數月】

二〇二X年〇月〇日，台灣的賴總統聲明要以觀察員身分參加聯合國大會，並在大會進行兩岸和平安定的演說。另外，為了維持台灣海峽的和平，他也要求美軍主導的多國聯軍進駐台灣。

中國政府對台灣的動作激烈反彈，不只在台灣周邊進行大規模軍事演習，同時也發表聲明，堅決反對台灣在聯合國大會演說。

（北京）

中共中央總書記習近平判斷，台灣要求在聯合國演說與希望多國聯軍駐紮，已經超過了中國的容忍極限。在中國國內，習近平雖以強硬手段打擊政敵，但反習勢力就像是河邊沙一般，始終淘不盡、掃不絕；習近平若是無法順利四屆連任，恐怕連自身安全都不保了。在這個國家，「擁有權力」和「變成過街老鼠人人喊打」，其實是一體兩面。

於是，習近平下定決心要統一台灣，藉以鞏固自身政權，並留名青史。

在北京市內的聯合作戰指揮中心，中共中央軍委主席習近平以下的委員們和人民解放軍的主要幹部齊聚一堂，進行解放台灣的作戰會議。

「以下針對解放台灣作戰進行說明。」

中央軍委聯合參謀部作戰局局長率先開口。

「敵對的台灣軍隊，陸軍是以三個軍團、十個旅為主力，總兵力約九萬人。海軍，有戰鬥艦艇二十艘。空軍，據判有三百二十架戰鬥機可投入戰鬥。相對地，我們人民解放軍，包含第一波登陸部隊，兩個集團軍的四十個合成旅與三個海軍陸戰旅，和第二波登陸部隊的一個集團軍，地面部隊加總有四十二萬人。另外，解放軍海軍有戰鬥艦艇四十艘，空軍有一千架戰鬥機，可以投入對台解放作戰。

第一階段，我們會對台灣進行法律戰、宣傳戰、情報戰與恐怖攻擊，提高台灣民眾的反政府意識，降低他們抗戰的意志。接下來，我們會透過大規模網路攻擊與電子攻擊，展開作戰所需的『電磁打擊』。這些都是屬於『超限戰』的作戰範圍。

第二階段，為了準備登陸打擊，我們會針對敵方戰略目標，進行巡弋飛彈與戰區彈道飛彈的攻擊。緊接著，會對敵裝甲部隊，施以雲爆彈，進行航空殲滅攻擊。

第三階段，在前述戰果的基礎上，我們會以東部戰區第七十三集團軍三個海軍陸戰旅組成北部方面軍（『方面軍』，是負責特定作戰區的大型編制單位，由數個集團軍組合而成），當作第一波進攻部隊，從桃園市到苗栗市之間的海岸登陸台灣，配合第二波登陸的合成旅群，分頭向南北進攻，擴張戰果。

另外，第七十二集團軍合成旅群組成的南部方面軍，會在台南市北部海岸登陸，折斷台灣防衛組織的脊梁，使之土崩瓦解。在戰術策略上，我們會以獲得都市周邊地區為優先，盡可能避開市中心地帶，以期擴大占領範圍，避免戰力損耗。

這時候，我們會再以一部分部隊組成中央方面軍，在台中市海岸登陸，隔斷台北市與台南市。最後，把作為第二階段登陸部隊的第七十一集團軍送上台灣本島去。」

在作戰局長說話的時候，前方螢幕投影出從中國大陸的戰力投射，以及渡過台灣海峽向台灣內陸進擊的路線作戰圖。

聽完說明後，習近平主席重重說了一句：

「各位，實現中華民族偉大復興的時刻終於到來了。」

〇月〇日，中國決定統一台灣，開始祕密準備入侵作戰。

中國政府依據《國防法》，下令相關國營企業儲備戰略物資，包括鋰、鈦、釩、鉻、錳、鎢等三十一種稀少金屬。

中國也展開經濟層面的動員準備。

（夏威夷）

在歐胡島史密斯營的美國印太司令部裡，司令官海軍上將羅伯森（化名）正聽取情報處長與聯合情報作戰中心軍官的報告，包括美軍遠東地區情報機構所蒐集到電波情報、人員情報，以及日本情報本部傳來的情報等等，每一份都顯示出中國軍隊的活動相當異常。

「中國軍隊的後勤組織正在福建省等地的港灣地區積極建設，並送進大量軍需物資呢……」

司令官緩緩將臉轉向情報處長。

中國軍隊為了整飭武力犯台的基礎，開始建設儲存彈藥、燃料、糧食、飲水、衛生用品、被服等物資的後勤基地，並開始緊急增產物資。

「由於軍隊緊急調度輸血用血液、人工血液、抗生素等醫藥品，民間醫療機構已經開始受到影響。另一方面，在社群軟體上也開始流傳著軍隊就要啟動戰端的消息。」

羅伯森司令官在緊急召開四軍司令官會議的同時，也和日本自衛隊統合幕僚長、韓國聯合參謀本部議長視訊會議，共享中國軍隊動態。

中國軍隊在西太平洋地域，擁有凌駕美國印太軍隊的強大戰力，因此，若印太軍隊要能有與中國軍隊正面對峙的能力，就必須從美軍以外的聯軍增強戰力，並取得日韓的合作。

（東京）

在日本防衛省，和田誠一防衛大臣（化名）轄下的人員召開了防衛會議。在會議中針對中國軍隊的活躍行動，審議自衛隊應對方針，並決定提升裝備品妥善率、維持快速反應的能力，並強化警戒監視。

和田誠一大臣向各幕僚長下達指示：

「就現狀來看，我們還沒有明確的情報資料可證明中國軍隊就要入侵台灣。但是考慮到萬一，我希望自衛隊要保持警戒狀態。」

情報本部通信所與海空自衛隊的電子情報偵察機，均全力蒐集和監視中國軍隊的動向。

為了應對中國軍隊的異常動作，原本預定於「國家安全保障會議」內兩週召開一次的「四大臣聯席會議」，變成幾天就召開一次。

國家安全保障會議設於內閣，負責審議攸關日本安全保障的重要事項以及訂定「緊急事態」的應變措施，議長是首相（全稱為內閣總理大臣）；該會議的核心是由首相、官房長官、外務大臣以及防衛大臣組成的「四大臣聯席會議」。會議召開時還會加入官房副長官、安全保障局長、內閣情報官以及統合幕僚長，相關省廳局長、陸海空幕僚長與官邸幹部則是陪同出席。（「緊急事態」發生時，首相、官房長官以及首相指定之大臣可召開「緊急事態大臣會議」。）

日本政府實在很難判斷中國軍隊究竟只是大規模演習，還是準備入侵台灣。

日本警察廳開始調查在日中國人與華僑是否有危害日本的活動。公安調查廳也加強注意《破壞活動防止法》所規定調查對象與團體。

【X日倒數前數月～一個月】

（台灣）

在台北市與鄰近城市，對政府經濟政策與回歸聯合國外交政策反彈的民間團體，展開了大規模的反政府示威活動。激進派也對政府機構、銀行、通信設施等公共基礎設備進行爆裂物恐怖攻擊，嚴重影響治安，社會動態雪上加霜。

一部分在野黨主張，「造成社會混亂的原因，就是總統的聯合國演說外交政策，政府應該改弦易轍，試著與中國大陸和睦相處」。在野黨也參與民眾抗議；更有一部分立委在立法院門口築起街壘，以阻止立法院開議，並要求總統下台。

台北市政府為了防止社會混亂，採取禁止民眾晚上九時以後外出的宵禁措施，對民眾生活產生重大影響。

〇月〇日，在台北市重慶南路一段靠近總統府處，示威隊伍與鎮暴警察發生激烈衝突，示威隊伍出現眾多死傷。

在這當中，有兩名到台灣留學的陸生捲入示威衝突，不幸身亡，中國外交部發言人發表強烈抗議；台灣政府則嚴正指出，示威抗議的主謀與部分激進派成員，根本是接受中國政府的指示，組織性、計畫性地介入示威活動。

反政府運動一下子就在台灣全境擴散開來，有些甚至變得十分激進，大喊：「兩岸統一！」並大力攻擊軍用設施。台灣總統府發出警告，如果激進行動無法緩和下來的話，不排除發布戒嚴令。

在台北市、台南市、高雄市等地，警察開始破獲反政府組織，總計有超過二千名嫌疑犯被逮捕。中國外交部發言人相當重視有陸生與中國籍民眾牽涉其中，發表聲明說：「對這種極重大事件，我們無法坐視不理。我們要求盡速釋放這些人，並且保障他們的人權。如果台灣當局不妥善處置，我們將會斷然採取相關行動。」接著中國國防部發言人也表示：「我們已經準備好要解放受壓迫的台灣同胞。這是中國的內政問題，絕不容許他國介入。」

中國的某傳播媒體發表一份「台灣民眾的民意調查」，指稱「台灣民眾有百分之九十以上，渴望和大陸統一」。

社群媒體上也充滿了「台灣民眾渴望和大陸統一」、「政府逮捕示威抗議者，將他們關到強制拘留所殺害」這類一看就知道是假情報的發文。

台灣政府則指出，「這是中國的認知作戰」，呼籲民眾不要為之所惑，千萬保持冷靜。

台灣的外交部與國防部等政府機構官網也發生首頁遭到竄改的情形。隨後，外交部、國防部、財政部、經濟部等政府機構，以及中央銀行等都遭到駭客占用頻寬的分散式阻斷服務攻擊（DDoS），導致政府網站癱瘓，中央銀行也因此無法正常發揮貨幣匯兌的機能。

台灣西部主要城市的發電廠與變電所電腦也遭到網路攻擊，導致大規模停電；甚至還發生針對瓦斯供應設施的爆炸式恐攻，家庭民生瓦斯的供給遭到阻斷。

台灣政府指稱，這些對社會基礎建設的攻擊全是中國政府煽動的結果，向國際社會發出呼籲，要求中共停止恐攻。

叛國罪案件也頻頻傳出；包括把台灣軍隊的機密文件交給中資企業職員，以及私下與中國締結投降書等。二〇二二年時，台灣政府發現，有台灣陸軍上校收受約二百五十萬日圓（約台幣五十三萬元）的賄賂，簽署「戰時會為中國盡力」的「投降承諾書」。台灣的國安局和軍方攜手，強化資敵行為的調查。

（俄羅斯）

俄羅斯與烏克蘭在幾年前就處於停戰狀態，但這時俄軍突然向北約各國發出通告，要在烏克蘭東部及鄰近白俄羅斯的烏克蘭邊境舉行大規模軍事演習。經各方情報確認到在烏東國境附近集結了十萬名軍人以上的部隊。

包含駐歐美軍在內的北約軍隊進入警戒狀態。烏克蘭總統激烈反彈，緊急動員預備役軍人。

俄羅斯國防部宣布，要在東部軍區的庫頁島南部，還有以擇捉島和國後島為中心的千島群島（庫里爾群島），舉行防衛性的「東方演習」。

面對西方記者的詢問，俄羅斯發言人表示：「這場演習將增援第十八機槍砲兵師（北方領土駐軍），包括各種飛彈、戰鬥機、艦艇在內，約有五萬名士兵參加。」

（伊朗）

伊朗外交部表示：「如果歐美各國再繼續實施經濟制裁，我們就要重啟核子設施，開發使用於自我防衛的核彈頭。」

伊朗國防部將伊朗軍隊與伊朗革命衛隊的警戒提升到最高級別，並警告：「如果以色列攻擊伊朗研發設施，我們將封鎖荷姆茲海峽。」如果荷姆茲海峽被封鎖，油輪就無法通行，將打擊西方國家的能源戰略。

面對這項聲明，以色列政府官員表示：「我們不排除對伊朗所說的核子研發設施展開攻擊。」此言一出，震撼全球。

美國國防部證實，伊朗在荷姆茲海峽附近的波斯灣一帶，展開大規模的軍事演習，其中包含伊朗精銳部隊革命衛隊數十艘小型船艦，但未與美軍正面接觸。

（中國）

中國國防部發言人發表聲明指出：「現正舉行的大規模軍事演習會持續幾個月。演習是為了防衛中國而舉行，絕非為了攻擊其他國家。」

在福建省多處港灣設立大規模的後勤設施。部分港灣囤積了許多鋼管，確認鋪設海底油管的專用船出現。

台灣所屬金門島，距離對岸福建省廈門市僅十公里；一九五八年第二次台海危機（後述）時，曾經遭大量中國砲彈襲擊。金門對岸的廈門在這天發生了港口燃料槽爆炸事件。中國國防部發表聲明指出：「這是台灣情報機構所為，無法容忍。」

第二天，廈門市內發生大範圍的停電；中國外交部也主張：「這是台灣反動分子的組織性攻擊，台灣當局必須為此負一切責任。」

東部戰區司令部發言人也提出強烈警告：「我們在軍事、通信、電力等設施附近發現可疑無人機，擊墜後調查，判明是台灣所有。發生在廈門的一連串恐怖攻擊，明顯是台灣分裂主義者所為，我軍將採取斷然措施。」

使用人造衛星監視中國動態的美國民間團體表示：「中國軍隊在新疆維吾爾自治區演習基地中，建造了模擬台灣機場與日本石垣島機場的簡易設施，並有把這些設施當作為轟炸訓練目標的跡象。」

很多居住在中國境內的台籍職員與學者，被以《反間諜法》之名遭到拘禁。

（台灣）

台灣政府主張「廈門事件是中國自導自演的假旗行動（假冒成敵方身分向自己發動攻擊的嫁禍行動）」，下令全軍進入戰備階段；同時台灣也要求美國政府，召開有關台海戰爭的緊急商議，並發表「希望能跟日本政府展開協議」的聲明。

在台灣海軍基地與主要港灣發現無人艇，台北市與台南市的海岸發現特殊潛艇與潛水設備。台灣政府研判中國軍隊很可能派遣偵察兵與諜報人員潛入，開始強化警備搜查。

同時，中國也以台灣軍事產業為目標，展開了大規模網路攻擊，重要情資與職員個資等情報外洩，部分生產機械停擺。

（東京）

各國政府發出警告，建議正在台灣的日本國民歸國，並勿再繼續前往台灣。美國政府向日本、澳洲、韓國政府提出要求，希望就保護各國僑民安全，進行共同作戰協議。

日本政府立即召開「緊急事態大臣會議」，會中討論如何撤離在台的日本國民，並對自衛隊下達準備撤僑命令。

統合司令官一聲令下，航空自衛隊航空總隊在宮古島、石垣島部署運輸機；海上自衛隊自衛艦隊派遣兩艘運輸艦到石垣島，陸上自衛隊陸上總隊也派遣中央快速反應連隊與西部方面航空隊的直升機部隊前往與那國島。

（夏威夷）

為了解決台灣混亂情勢，阻止中國介入，美國政府要求聯合國安全理事會召開緊急會議。白宮發言人在記者會上也主張：「依據《台灣關係法》，當中國武力侵台時，美國將不惜動用武力，協助台灣自衛」，明確反映了美國總統的決斷。

美國海軍在印度洋部署的兩個航母打擊群，其中一個群正急速朝太平洋地區挺進。

美國印太司令部發言人在記者會上指出：「可以確認福建省港灣出現許多配管船（Lay barge），正準備鋪設從中國大陸到台灣的海底油管。」由於海底油管鋪設速度一天可達三至五公里，因此要在長度一百四十公里的台灣海峽底下完成管線鋪設大約需要一個月。根據估計，中國鋪往台灣的海底油管大約會有三條。

美國印太司令部舉行了多數軍官與會的作戰會議。

「如果中國現在展開武力侵台戰爭，大約一個月就可以使用油管輸送燃料了，對吧？」

羅伯森司令官向負責後勤處長確認。

「是的。在飲水需求上，中國軍隊在登陸後可以在台灣本島就地補給，糧食彈藥則只能從海上輸送，這個補給弱點並沒有改變。」

作戰處長接著補充：

「台灣海峽很淺，海底多為沙質，潛艦行動條件頗為嚴酷，因此必須以空射反艦飛彈和陸基反艦飛彈，來對中國軍隊的補給船發動攻擊。」

「我們必須盡速提供台灣陸基反艦飛彈等能從陸地攻擊的武器，請盡速向國防部提出這項請求。」

這場作戰會議決定，要把聖地牙哥第三艦隊一個航母打擊群推進到夏威夷。

（中國）

中國政府表示，人民解放軍進入最高警戒狀態，且為防不測，將對東部戰區與南部戰區增援部隊；因此，解放軍下令從這兩個戰區以外的戰區派來合成旅支援。同時，人民解放軍預備役部隊也接獲命令，要緊急召集預備役軍人，在兩個月內編成八十個合成旅。

在南京市的東部戰區司令部內，司令員林曉春上將（化名）向參謀長確認準備狀況：

「除了貨輪外，作戰準備大致皆按預定進行。」

「聯勤保障部隊不久即會徵用貨輪，只是這樣一來，我方攻擊意圖就會暴露了。」

到〇月〇日為止，東部戰區集結了五十個合成旅，南部戰區集結了三十個合成旅。

聯勤保障部隊開始徵用一千噸以上的客輪與貨輪；船隻集結在福建省各港灣，數量超過一千艘。

（美國）

美國政府將「戒備狀態」等級從平時「一般就緒狀態」（DEFCON 5）提升到「軍隊就緒狀態」（DEFCON 3）。不只如此，美國開始牽制中國，宣佈：「我們堅決反對台海局勢升溫；美國有協防台灣的義務。」

美國印太司令部把阿拉斯加艾爾森空軍基地的第十一航空隊兩個戰鬥機聯隊，轉移到日本沖繩島的美軍嘉手納基地。

【X日倒數前十日～七日】

（台灣）

反政府活動蔓延到台灣全境。儘管政府嚴格取締，但激進派還是以游擊戰的方式，不斷攻擊公共設施。

有鑑於幾天之內中國軍隊就可能展開侵略作戰，台灣軍方下令全軍進入應急作戰階段，在沿海地帶建構防禦陣地，並布置水雷，也下達預備役動員令。

台灣海軍將驅逐艦與巡防艦部署在南北海域的領海基線附近；馬祖島、金門島、東引島的守備部隊也都接獲戰鬥命令。

台北市、台中市、台南市、高雄市等地出現海外逃亡潮，民眾湧向機場和港口，場面混亂。部分民眾甚至意圖奪取漁船和小型船隻，航向日本或菲律賓，結果和漁民爆發衝突。

（東京）

日本政府將台灣情勢提升到危險等級四，下令停止兩國間的交通運輸，並對旅台二萬三百四十五名僑民[18]下達撤僑勸告。外務省和台灣政府就旅台日僑的避難展開協議，也對日本防衛省提出輸送僑民返國的要求。

日本海上自衛隊派出兩艘運輸艦，停泊在台灣東部花蓮海面，準備撤僑。

美國與澳洲海軍的運輸艦、醫療船也停泊在花蓮海面，準備接應美澳僑民撤離。

（中國）

中國國防部發言人單方面表示：「有鑑於台灣治安極度惡化，為防止外國勢力干預，將於明日上午九時起封鎖台灣海峽周邊海域，並禁止飛機進入台灣領空。」同時，中國也將海軍艦艇配置在台灣海峽南北海域，進行封鎖。

不過，中國軍隊無法將艦艇派遣到台灣東部太平洋海域；也無法阻擋各類疏散與撤僑的民航機。

（朝鮮半島・三十八度線）

北韓為了應對美韓聯合演習，連日不斷試射飛彈。幾天前，北韓還斷然試射彈道飛彈；飛彈越過日本列島上空，在太平洋墜落。北韓外交部在國營電視台上解釋，這是「大規模軍事演習」的一環。

駐韓美軍和南韓軍隊提升警戒等級，整個朝鮮半島情勢緊張。

在三十八度線負責軍事分界線東部戰線的韓國陸軍第一野戰軍司令部（江原道原州市），接獲警戒軍事分界線的第二師緊急報告：北韓前線軍團開始積極行動，在非武裝區也有許多北韓偵察兵潛入。

「北韓動員三軍大規模演習，為了威嚇美國而發射彈道飛彈……再加上前線軍團積極活動，如果北韓打算冒險行動的話，那就麻煩了。」

聽了第一軍團長這一番話，參謀軍官們靜靜頷首。

（美國）

美軍將「戒備狀態」等級從「軍隊就緒狀態」（DEFCON 3）提升到「加強軍隊

就緒狀態」（DEFCON 2，俗稱的「紅色警戒」）。

印太司令部命令，正從印度洋往南海挺進的第七艦隊尼米茲號航母打擊群，駛進台灣海峽附近。夏威夷的雷根號航母打擊群駛往日本橫須賀軍港，羅斯福號航母打擊群往關島前進。

美國太平洋艦隊在西太平洋地區，以三個航母打擊群，擺出展開作戰的陣型。搭載核子飛彈的戰略核潛艦也在太平洋集結備戰，擺出反擊核武威脅的戰鬥隊形。美國太平洋空軍戰鬥航空隊也在嘉手納、橫田、關島展開，準備隨時應戰。美國太平洋陸軍對華盛頓州路易斯堡的第一軍下達在日本備戰的命令。

美國政府對聯合國提出要求，召開維持台灣海峽和平的安理會緊急特別會議。

（東京）

和田防衛大臣對日本自衛隊下達撤離在外僑民的命令。

大型運輸直升機開始從停泊在花蓮外海的海上自衛隊運輸艦起飛，開往花蓮市郊外的外僑專用臨時停機坪，撤離僑民。附近的美、澳海軍也同步展開撤僑行動。

日本外務省為確保中國境內約十萬八千名日僑的安全，並尋求幫助他們歸國的必要手段，向中國外交部提出請求，希望能保障僑民安全歸國。

（中國）

中國東部戰區開始進行大規模海軍演習。許多艦艇與民間貨輪停泊到海軍基地與主要港口，周邊地區也集結了陸軍部隊。美軍相關情報人員表示，集結在東部戰區參加演習的部隊超過三十萬人。

東部戰區林司令員向軍隊訓示：「貫徹捍衛祖國的信念吧！各位將達成歷史的偉業，留名青史。」

中國國內切斷了所有社群軟體的網路連線。

這時候，歐美偵察衛星察覺大規模中國軍隊動向。貨輪運載物資的動作開始活躍，海軍陸戰旅與一部分陸軍部隊開始搭上船隻；福建省及其周邊地區的空軍基地、機場集結了眾多運輸機和運輸直升機；空降旅與空中突擊旅也集結在周圍。

海南島的海軍基地，也確認有四艘晉級彈道飛彈核潛艦出航。

【X日倒數前四日】

（台灣）

狙擊台灣政府高層與軍事高官的暗殺事件頻傳；賴總統的座車也遭安裝炸彈，不過總統僥倖撿回一命。

一連串對重要人物展開的恐怖暗殺行動，造成國防部次長、軍方高官、執政黨議員等重要人物死亡或重傷；警方認為這是中國特戰部隊的斬首作戰行動，因此加強對政府高層的維安工作。

打算逃離台灣的民眾日益增加。

道路嚴重堵塞，混亂擴大到台灣全境。隨著中國軍隊宣布禁止航空器在台灣領空飛行，民航公司的定期航班也全都停止了。

民眾聚集在桃園國際機場和松山機場的候機大廈，等待航班重啟。台北市捷運的台北車站、西門站、北門站、中山站和善導寺站以及機場，都遭不明人士安裝炸彈攻擊，造成許多民眾死傷。這一連串的破壞行動讓台北捷運陷入癱瘓，民眾生活更加混亂。

總統府宣布台北市、台中市、台南市、高雄市、基隆市進入緊急狀態，並發布戒嚴令。

（夏威夷）

中國軍隊對台灣的入侵不久就要開始——美國印太軍隊全軍進入待命狀態。尼米茲號航母打擊群從南海往北航行，雷根號航母打擊群在台灣海峽北邊的東海備戰，羅斯福號航母打擊群在石垣島西南海域展開。

位在美國內布拉斯加州奧弗特空軍基地的戰略司令部，命令轄下的整合全球打擊聯合職能編組司令部（JFCC-GSI）與整合飛彈防禦聯合職能編組司令部（JFCC-IMD），準備好迎擊核子飛彈，並以彈道飛彈反擊。

（中國）

中國火箭軍司令部將戰略核子飛彈部隊的警戒層級提升到最高，並按照計畫在森林地帶機動部署移動式飛彈載台。不只如此，衛星攻擊飛彈部隊也接獲命令，進入發射程序。

【X日倒數前三日】

（台灣）

台北市內被黑煙籠罩。從黎明開始，中國軍隊就使用彈道飛彈和巡弋飛彈等精密導引兵器，對台北展開攻擊。攻擊目標包括了位於台北市的總統府、國防部、外交部、內政部、經濟部、交通部、海軍司令部、空軍司令部、憲兵司令部、海巡署，以及桃園市的各政府辦公室與軍事設施；電力、瓦斯、通信等重要基礎設施，也是飛彈攻擊目標。

台灣軍方的通信設施遭到大規模電子戰攻擊。從中央到基層，台灣軍隊指揮通訊網陷入癱瘓。

中國軍隊透過偵察衛星與大量無人機，正確掌握了台灣部隊、彈藥庫與燃料庫的所在位置，進行針點攻擊（精密攻擊），並確實破壞目標；也同時使用和美軍碉堡剋星同型的鑽地飛彈攻擊台灣空軍的軍事掩體，很多停放在掩體內的戰鬥機遭到破壞。固定雷達的防空雷達設施也全都遭到巡弋飛彈攻擊破壞，台灣空軍的防空警戒網遭受嚴重損害。

台灣海軍基地也成為中國軍隊攻擊標的；停泊在基地內的艦艇遭到反艦飛彈攻擊，陸續沉沒或是重創。

陸軍的陸基反艦飛彈基地遭到巡弋飛彈攻擊，許多發射裝置因而破壞。設置在台北市、台中市、台南市海域的水雷網，遭中國軍隊的無人艇與無人潛艇突破，無法發揮防護作用。

隨著中國軍隊攻擊變電所，台灣城市大規模停電；港灣附近的天然氣槽爆炸，引發大火，瓦斯供應中斷。電信公司伺服器遭到破壞，市話、行動電話全都無法使用。

在地方縣市，發電設施與燃料設施都遭自殺無人機集中攻擊。

各縣市的空襲警報轟然作響，從市區逃離的民眾車輛將公路擠得水洩不通。在港口，許多民眾搭乘貨輪與漁船，往日本和菲律賓航行。

台灣東部的花蓮海域，各國海軍用直升機來回輸送，協助僑民撤退。

台灣總統府宣布，將一部分運作的政府部門轉移到花蓮市。

台灣陸軍參謀總部將花蓮市所在的第二作戰區花東防衛司令部，提升為國家防衛司令部。

台灣軍隊在台北市、台中市、台南市海岸線埋設了反戰車地雷，阻擋中國軍隊登陸；不過，登陸的中國軍隊則使用雲爆彈進行廣域排除。雲爆彈第一次爆發時，會將液體燃料擴散成瓦斯雲，第二次爆炸則會產生廣大範圍的衝擊波與高熱，不只能達到排除障礙的效果，也會將沿海地帶的民宅與台灣軍事防禦設施燃燒殆盡。

在社群軟體上，充斥著顛覆政府的言論，例如，「台灣政府的政策只會讓受害民眾增加，台灣應該要向中國投降」、「台灣政府軍隊以人民為盾牌，只顧著救自己」等。

中國官方媒體《新華社》開始向台灣民眾轉播，反覆主張：「人民解放軍是為了解放台灣同胞而戰，責任必須完全歸咎於台灣的分裂主義者。」

（美國）

美國白宮發言人發表聲明指出：「中國的攻擊違反了聯合國憲章，我們要求他們立刻停止行動。」

（夏威夷）

美國印太司令部連日舉行作戰會議。

「幾天之內中國軍隊就會入侵台灣；白宮與國防部還沒下達命令嗎？」

面對羅伯森司令官的質問，作戰處長回答：

「不要和中國軍機與艦艇直接交戰的命令並沒有改變，現在仍只維持在確保台灣東部太平洋區域、台灣海峽北部海域和南部海域航行自由。」

「日本的態度如何？」

「日本已經認定這是重要影響事態，準備支援我軍。」

「海軍陸戰隊的部署如何？」

「現在正準備將沖繩的陸戰隊濱海作戰團輸送到石垣島，然後配置到陸上自衛隊的駐屯地。除此之外，海軍陸戰隊第一、第二遠征旅也預定輸送到沖繩。」

駐防加州的海軍第一遠征軍、北卡羅萊納州的海軍第二遠征軍，旗下各有一個海軍遠征旅，兵員數各約一萬五千人。沖繩的海軍第三遠征軍並沒有旅編制，而是常設兩個陸戰隊濱海作戰團（MLR），另外在關島部署一個團。陸戰隊濱海作戰團是由步兵營、長程反艦飛彈部隊、高機動火箭砲系統部隊等編成。

「北韓有不穩定的動向，讓駐韓美國陸空軍動彈不得。從伊朗和俄羅斯的舉動來看，駐歐美軍及美國中央司令部的軍隊也無法抽出大量戰力。」

羅伯森司令官苦惱不已。

【X日倒數前兩日～一日】

（台灣）

繼前一天的精密導引兵器、自殺無人機攻擊後，從早上開始，中國空軍轟炸機展開大規模空襲。

攻擊重點是台灣空軍基地的殘存飛機、防空部隊、陸軍集結部隊與沿岸防禦設施。集結在沿岸地帶後方的台灣裝甲部隊遭到中國空軍投擲雲爆彈，幾乎全軍覆沒。

進入夜間後，在台北市、台中市及台南市的海岸，中國軍隊的掃雷部隊繼續祕密掃除殘存的水雷。

中華電信與新加坡電信共同運用的中新通信衛星（ST）遭到網路攻擊，另外還有好幾顆通信衛星也被反衛星飛彈摧毀，台灣的衛星通訊受到重大打擊。

（中國）

中國軍隊已經完成一連串登陸前的先制攻擊，包括對政府機構和民間基礎建設進行網路攻擊，以及接續的飛彈攻擊、自殺無人機攻擊、空襲等。隨後，中國軍隊派遣東部戰區第七十三集團軍三個海軍陸戰旅打頭陣，這些由機械化合成旅構成的第一波入侵部隊約十六萬人，他們搭乘登陸艦艇，陸續展開行動。

登陸艦群按「管制海域」（作為艦隊集合場所，預先指定的海域）與「入侵區域」的類別組成艦隊，朝台灣各地目標海岸挺進。位於中國各基地與機場的空降旅、空中突擊旅與運輸部隊，也準備出動。

廈門對岸的金門島、東引島，福州對岸的馬祖島，皆遭到巡弋飛彈攻擊與猛烈砲火襲擊。中國海軍陸戰隊和陸軍特殊部隊登陸後，在短時間壓制這三座島嶼。台灣海峽的澎湖群島也遭到巡弋飛彈攻擊與空襲，防衛部隊損傷重大。

中國國防部發表：「台灣要自行收拾混亂局面顯然已不可能，為了守護台灣民眾，我們要進行最小、必要限度的特別軍事作戰。」「解決台灣混亂的行動是內政問題，我們堅定拒絕他國干涉。」

中國外交部接下來發表的聲明也維持不變立場，表示台灣問題是徹頭徹尾的「內政問題」。

（台灣）

台灣政府發表一份沉重聲明，表示「中國已經展開武力侵略，請求國際社會馳援」，並強烈要求美軍直接介入。賴總統對全體國民呼籲：「面對中國的侵略，國軍將戰鬥到底，請民眾不要驚慌，撤退到防空洞等避難場所。」

（美國）

美國接受台灣的呼籲，展開行動。

美國政府發表聲明指出：「對台灣的武力侵略是對國際社會和平與安定的威脅，我們絕對無法容許。」同時美方也對日本政府提出要求，希望他們為在東海活動的美國海軍船艦，提供油料補給等後勤支援。

美國印太司令部對所屬四軍下達命令：「一旦遭到中國軍隊攻擊，就立刻反擊。」

（東京）

日本政府召開安全保障會議，就情勢分析與事態應對的策略方向進行審議。結果，他們將日本支援美軍認定為「重要影響事態」，同意自衛隊擔起美軍後勤支援任務。

日本防衛省召開緊急防衛會議，由防衛政策局長就「事態認定」進行說明。

「目前認定為『重要影響事態』，但預計台海很快就會進入『危急存亡事態』和『武力攻擊事態』了。」和田防衛大臣如此確認。

「誠然，從中國的角度來看，會將美國軍艦及緊鄰的海上自衛隊艦艇視為共同作戰的敵艦。萬一美軍遭受攻擊時，就認定為『危急存亡事態』；倘若海上自衛隊也同時遭受攻擊，就改為『武力攻擊事態』吧。」

「中方應該無法理解我國的法律規定吧。」防衛副大臣說道。

「這是美日之間的作戰協調，沒問題吧？」

統合幕僚長補充說道：

「在中央指揮所內設置美日共同運用協調所，以統合副司令官和美國印太軍隊副司令官為首，雙方已展開作戰協調。」

【X日：登陸日】

台灣軍隊在丘陵、山區、森林地帶巧妙建構隱蔽陣地，針對在中國海軍掃雷艦後方航行的登陸艦與運輸艦發射許多「雄風二型」反艦飛彈，但卻被搭載艦隊防空系統的中華神盾艦擊落了大半。即便如此，仍有幾枚飛彈突破中國軍隊的防空網，命中護衛的巡防艦與飛彈驅逐艦，重創這些艦艇。

接著，因隱藏在洞窟型機堡而保存下來的台灣空軍戰鬥機起飛，以視距外攻擊方式，發射空射反艦飛彈，但在中國軍隊的艦隊防空系統迎擊下，並沒有突破防空網。

前一天，雖有幾艘中國海軍掃雷艇在掃除水雷作業中觸雷沉沒，但登陸前置掃雷作業已經大致完成。按照預定計畫，第一波部隊開始在台北市、台中市、台南市海岸登陸。

中國軍隊的計畫是，當第一波登陸的海軍陸戰旅所屬多數營戰鬥群確保了橋頭堡基地後，再讓第二波重裝機械化合成旅登陸，確保拿下機場、港灣等設施；至於第三波以降的部隊，則會利用占領的機場和港灣來登陸。

在登上海岸時，殘存的台灣軍隊陸上防禦部隊與登陸的中國軍隊之間，展開激烈地面戰鬥。

此時登陸地區附近的街道，因轟炸和砲擊燃起熊熊大火，熾焰噴出，黑煙瀰漫整片天空；海岸到處都是遭到破壞而燃燒的戰車與裝甲車，燒焦的士兵屍體散亂一地，呈現一幅地獄般景象。

在台北市東部的平原地帶，中國軍隊的空降旅開始投入作戰，和台灣軍隊首都守備隊展開激烈戰鬥。空降旅所配備的空降戰車與步兵戰車，將台灣軍隊逐漸壓迫到市區內。中國軍隊的空中突擊旅也以直升機部隊，針對桃園機場展開「空中突擊」（Heliborne）。他們和台灣軍隊的機場警備隊展開反覆的城鎮戰，占領了塔台與機庫，還有周邊市街地帶——

以上是模擬中國軍隊武力犯台的一部分；接下去的發展，我會在第四部詳述。

「台灣有事」會如何波及日本？

「台灣有事」會以怎樣的形式波及日本呢？

台灣和與那國島的海峽距離只約一百一十公里，台灣與日本位置可說是極為接近。如果中國軍隊要從東海方向駛出太平洋，就必須通過這道海峽和日本西南群島周邊。這裡也是中國軍事戰略上十分重要的第一島鏈（參照第二頁地圖）。

不只如此，駐日美軍基地也是美軍支援台灣的作戰基礎。一旦美軍展開作戰行動，日本隨著事態發展，也必須行使集體自衛權。如果情況惡化，更會發展成「武力攻擊事態」。

對日本的波及，可以推定有以下三種劇本：

1．直接波及日本

2．受美軍相關行動波及

3．受台灣行動波及

首先是直接波及日本。

中國海軍為了阻止第一島鏈附近的美日艦隊接近，並確保其踏足太平洋的行路安全，很有可能會設法攻奪相關據點，作為入侵台灣期間附屬作戰的目標。此時，日本自衛隊就會從原先的「治安維護」（治安出動），改為「武力攻擊事態」，自衛隊展開軍事行動是可預期的。

對日本的直接波及（侵略）可以預測將從混合戰開始。

所謂混合戰，指的是二〇一四年在烏克蘭東部紛爭中，俄軍採取的作戰方式。按照《防衛白皮書》的解釋，就是「將破壞工作、情報操作等多樣非軍事手段與祕密採取的軍事手段相結合，以外表上難以明確認定為『武力攻擊』方法而為之的侵害行為」。

一旦中國軍隊入侵戰略要點石垣島時，據推斷，會以下述的方式進行：

第一階段，中國軍隊將會切斷石垣島與沖繩本島、以及石垣島與日本本土之間的聯繫。

中國軍隊會切斷海底電纜，進行大規模網路攻擊，並斷絕該島嶼與對外聯繫的方式。不只如此，他們也會運用網路攻擊，來癱瘓新石垣機場的管制設施；在下一階段作戰開始前，他們還會指派已經潛入的諜報人員破壞石垣發電廠的供電，讓全島陷入停電。

第二階段，中國軍隊會利用在石垣島海域數十公里內巡邏的油輪與貨輪，發動電子戰攻擊。

此舉會讓警察和海上保安廳使用的無線、一般手機出現無法通話的障礙，只剩下警用手機的電子郵件機能還能使用。此時，中國軍隊就可以發出假信件，把警察都引

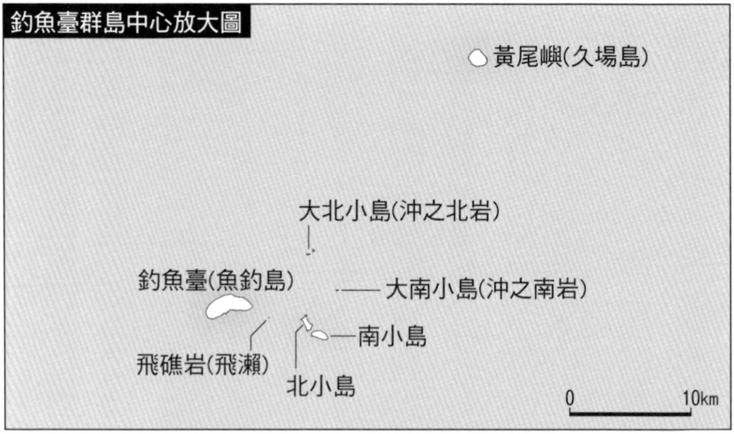
釣魚臺群島中心放大圖
黃尾嶼(久場島)
大北小島(沖之北岩)
釣魚臺(魚釣島)
大南小島(沖之南岩)
南小島
飛礁岩(飛瀨)
北小島
0
10km

中國
釣魚臺群島
沖繩島
日本
台北
與那國島
宮古島
台中
花蓮
西表島
石垣島
台灣
先 島 群 島
台南
高雄
0
100km
台灣與沖繩(先島群島)的位置關係

誘出來到某個定點；等警察集結後，再引爆事先裝置好的炸彈即可。

第三階段，偽裝的民航機在新石垣機場降落，把偽裝武力的「琉球獨立團」及精通日語的特殊部隊送上島（類似俄羅斯併吞克里米亞時所使用的非正式部隊「小綠人」）。這些人和已經潛入的諜報人員合作，短時間就占領石垣市，並此地納入勢力範圍。接著，在海上貨輪待命的武裝集團主力帶著裝甲車輛登陸，解除陸上自衛隊的武裝，確立占領基礎。

從表面來看，這一連串的作戰行動無法被確認為某個國家在行使武力，因為網路攻擊和電子戰都是「看不見的敵人」在發動攻擊。

隨時間過去，入侵石垣島變成既定事實，中國軍隊會以維持和平為名駐紮，最後中國政府宣布將「保障石垣島的獨立」。和自動參戰的軍事同盟北約不同，《美日安保條約》需要有美國政府的決定與美國國會的承認，而且，啟動《美日安保條約》到美軍來援為止，需要相當的時間，所以在事發當下，只能靠自衛隊孤軍奮戰。

進入東海「海空戰」

接下來要推論的是，美軍在台灣周邊地區展開軍事行動，結果波及日本的情況。這可以分成兩種形式，一種是「重要影響事態」，另一種是「危急存亡事態」。

所謂「重要影響事態」，指的是若對美軍行動置之不理，將會演變成對日本直接武力攻擊的情勢，影響日本的和平與安全。在這種形式裡，日本必須視情況與外國軍隊合作，並提供後方支援[19]。

支援的對象預計是「為達成《美日安保條約》目的，展開活動的美軍」、「為達成聯合國憲章目的，展開活動的外國軍隊」以及「其他類似的組織」，也就是聯合國軍等。

美國印太軍隊在面臨台海危機時，應會出動第七艦隊與空軍偵察機。橫須賀駐日美軍海軍基地的驅逐艦與巡洋艦會進入東海；艦艇搭載的巡邏直升機將從事警戒監視活動。如果巡邏直升機和中國軍隊的艦艇、飛機發生摩擦時，遭到擊墜或迫降，美國海軍會要求自衛隊搜救，或是要求燃料補給。

面對這種情況，日本政府就會進行「重要影響事態」的認定，並命令自衛隊搜救和後方支援。

日本雖然不會直接和中國軍隊交戰，但僅僅是後方支援，在這個階段也是會捲入台海戰爭中。

當「重要影響事態」隨著持續進行的後方支援活動而讓局勢不斷升溫，中國軍隊對美國海軍艦艇與飛機發動攻擊時，就會被認定為「危急存亡事態」。自衛隊為了守護美國海軍艦艇，將行使武力，和美軍一起對中國軍隊作戰。

在「危急存亡事態」下可行使集體自衛權，該事態的定義是「與我國關係密切的他國遭到武力攻擊時，從而對我國存亡產生威脅，且有從根本顛覆國民生命、自由與追求幸福權利之虞，清楚且危險的事態。」。

依據二〇一四年七月的日本內閣閣議決定，在「危急存亡事態」下行使集體自衛權的條件有以下三點：

① 發生對我國的武力攻擊，或是與我國關係密切的他國遭到武力攻擊，從而對我國

存亡產生威脅，且有從根本顛覆國民生命、自由與追求幸福權利之虞，清楚且危險的事態。

②沒有其他適當手段可以排除此事態，以保全我國存亡、守護國民的情況。

③應盡可能保持在必須情況下，最小限度的實力行使。

政府舉出的八個事例中，包括了「保護遭武力攻擊的美國艦艇」：

1. 保護運輸僑民中的美國運輸艦
2. 保護遭武力攻擊的美國艦艇
3. 在周邊事態中進行強制性船舶搜查
4. 攔截朝美國發射，然後跨越日本上空的彈道飛彈
5. 保護正進行警戒彈道飛彈發射的美國艦艇
6. 保護當美國本土受武力攻擊時，在日本周邊作戰的美國艦艇
7. 參與國際性的掃除水雷活動

8．民間船團的國際共同護衛

最後，讓我們來看看因為入侵台灣的行動而波及日本的情況。

當台灣軍隊和中國軍隊在海空交火，殘存艦艇與飛機前往日本避難之際，日本政府在當下的應對處置，有導致日本直接遭受攻擊的可能性。

台灣若要擋下中國軍隊的入侵，美國的參戰不可或缺。在一九五八年八月到十月的金門島砲擊事件（八二三砲戰）中，美國只有在後方支援，沒有直接對中國動武。若與當時的中國軍隊相較，中華民國軍隊（台灣軍隊）還有軍事上的優勢，但現在形勢已經逆轉，中國軍隊擁有壓倒性的優勢。

對台灣而言，無論如何都必須讓美國參戰才行，也必須為此付出最大努力；在等待美軍參戰的期間，台灣要思考的是如何將殘存的海空戰力，轉移到日本的西南群島避難。一旦日本被捲入戰事，就會啟動《美日安保條約》，美國準備軍事介入以保護日本。

日本是「中立國」嗎？

如果把中國武力犯台看成是「國與國的戰爭」，那日本政府就要依據戰時國際法，盡中立國的義務。所謂戰時國際法，是規定交戰當事國與第三國關係的國際法。中立國不得參加戰爭，也不得對交戰當事國的任何一方進行援助，並有平等待之的義務。

中立國的義務有以下三項：

迴避義務：中立國不分直接、間接，不得對交戰當事國進行援助。

防止義務：中立國不得將本國領域提供給交戰當事國利用。

默認義務：中立國即使在交戰當事國進行戰爭過程中，遭遇到有損利益之事，也必須保持默認。

第二次世界大戰期間，永久中立國瑞士對侵犯本國領空的飛機，不論是盟軍還是軸心軍，都會一律擊墜。但是，日本不會考慮攻擊台灣的艦艇與飛機，即使領空遭到侵犯，也只會強迫對方在最近的機場進行降落；艦艇也是一樣，出於人道處置，不能拒絕對方停泊。

中國基於一個中國原則，可以想見會宣稱逃往日本的艦艇與飛機是該國的國有財產，要求日本歸還；但日本政府再怎麼想，也不會對中國的要求照單全收，把這些艦艇飛機「歸還」給中國。畢竟真這樣做的話，不要說美國了，也會招致其他國家強烈反彈。

但日本政府如果拒絕歸還，則中國必定反彈，並指責日本「台灣問題是內政問題，日本的處置卻是未盡中立國義務，反而擄獲中國艦艇與強占飛機」。

作為對抗手段，中國很可能會以確保取得釣魚臺群島（日本稱為尖閣群島）為目標，派出部隊，或是使用精密導引武器對前往日本避難的船艦與飛機發動攻擊。

在這種情況下，日本政府就會認定為「武力攻擊事態」，下令自衛隊出動防衛，從而導致自衛隊與中國軍隊直接交戰。

美國印太軍隊會以「迅速執行美國政府在軍事介入方面的意志決定」為前提，擘劃台海戰爭的整體作戰計畫，並與日本擬訂共同作戰計畫。爾後，他們也會與台灣訂定共同作戰計畫；若是不行的話，至少也必須得知台灣軍隊的防衛構想。

美國印太軍隊的作戰目標，是粉碎中國占領台灣的意圖，並抑制核戰擴大。駐日美軍基地是重要作戰基礎，日本自衛隊的協助在戰力上，也是必要且不可或缺的要素。

第三部

解說「台灣有事」應變劇本

中國從烏克蘭戰爭學到什麼？

對中國軍隊來說，俄羅斯入侵烏克蘭的戰役（特別軍事行動）是親眼見識現代戰爭的絕佳機會，可以看成是作戰、編制、裝備、軍事科學技術的經驗寶庫；而為了將這項收穫運用在「武力犯台」戰爭上，中國軍隊為了取得勝利，勢必致力蒐集情報。

至於中國軍隊會如何分析「烏克蘭戰爭的軍事教訓」呢？

俄軍自二〇二一年十一月左右開始，在烏克蘭國境附近集結了約十九萬的地面部隊，對烏克蘭施予軍事壓力[20]。普丁總統的意圖，顯然是想「不戰而勝」。

二〇二二年二月二十四日，俄軍對烏克蘭的機場與重要設施展開飛彈攻擊，一如西方各國研究機構所預測，從北部、東部、南部三個方向入侵烏克蘭[21]。可是俄軍卻遭到烏克蘭軍隊超乎預期的激烈抵抗。四月六日俄軍嚴重受挫後，從北部地區全面撤退[22]。

對俄軍而言，在作為戰爭開局的電子戰失敗是一大致命傷，但這場失敗其實早已埋下伏筆——

1 電子戰

二〇一四年二月左右，也就是俄羅斯入侵烏克蘭的八年前，克里米亞半島上的親俄派勢力即獲得主導權，致力於獨立運動，想要脫離烏克蘭，與俄羅斯合併。

同年三月，烏克蘭東部頓內次克、盧甘斯克兩州的親俄派勢力積極擴大自治權示威活動，以武裝行動占據頓內次克州政府辦公室。其後，親俄派勢力發動武裝叛亂，單方面宣布成立「頓內次克人民共和國」、「盧甘斯克人民共和國」，實際控制兩州約百分之三十的面積，這就是烏克蘭東部紛爭。

直到二〇一九年為止，烏軍與頓盧二州親俄勢力的戰鬥，在該地區造成超過一萬人喪生[23]。

二〇一四年俄羅斯併吞克里米亞時，烏軍遭到俄軍以各種電子戰裝置干擾，指揮陷於混亂，無法充分發揮戰力。

之後這八年間，烏軍開始研究俄軍的電戰攻擊，希望將損害降到最低程度，同時也反過來對俄軍進行通訊干擾。英國媒體報導：「俄軍的裝置無法成功干擾拜拉克塔爾TB2無人機（土耳其製）使用的無線電頻率。」從這裡就可以看出烏軍反電子戰攻擊的成效[24]。不只如此，烏軍還使用無人機破壞俄軍的電戰裝置，直接削弱俄軍電戰能力[25]。

烏軍也利用從西方各國即時獲得的衛星情報與電波情報，掌握俄軍行動資訊，並使用美國企業家馬斯克無償提供的衛星通訊服務「星鏈」，進行情報共享與活用無人機操作。

另外，俄軍偽裝成被害者，宣稱本國設施遭到烏克蘭攻擊的「假旗作戰」，也因歐美各國及早提供情報給烏克蘭，效果大大削弱[26]。

2 空中優勢的喪失

俄軍在初期作戰中未能獲得空中優勢，也是他們從北部地區敗退的主因之一。俄軍在作戰開始時，利用長程打擊兵器（彈道飛彈、巡弋飛彈等）對烏軍的防空雷達、防空部隊、飛機等進行攻擊，但仍無法取得空中優勢。故此，俄軍沒能破壞、削減烏軍的防禦陣地與防禦部隊，反而遭遇烏軍包括無人機攻擊在內所實施的空襲，導致俄軍攻勢進度遲滯不前。這是因為烏軍早已預料到固定式雷達會遭到破壞，所以活用了移動式防空系統（S-300）。

不只如此，北約軍隊的預警機在波蘭上空飛行，即便是從基地起飛的俄軍戰鬥機情報也能即時提供給烏軍，這有利於烏軍的防空作戰。英國國防部在四月二十七日論及俄軍入侵烏克蘭兩個月後的戰況時，對此表示「烏克蘭仍持續保有大半的空中優勢」[27]。

3 北部地區的戰鬥

俄羅斯在北部地區敗退最大的原因，是包含普丁總統在內的俄羅斯政府高層太過輕忽烏克蘭政府、軍隊與國民的實力。二〇一四年俄羅斯併吞克里米亞時，俄軍完全不流血就取得勝利；這是俄羅斯在世界上第一次使用「混合戰」，並向全球展現他們在作戰開發方面的高超能力。

但這也導致俄方判斷：「烏克蘭政府與軍隊相當脆弱，烏克蘭國民不會抵抗入侵者。」

俄方研判，若在國境附近集結大規模軍隊，對烏克蘭施加軍事壓力，在烏軍失去戰意後，就可對基輔等主要城市發動閃電戰攻擊，使烏克蘭政府在短時間內高舉白旗。

俄軍在北部地區敗退的主要原因是戰力分散。俄軍原本基於短期決戰構想來訂定整體作戰計畫，導致戰力分散在北部地區（基輔州附近）、東部地區（哈爾科夫、盧甘斯克到頓內次克）、南部地區（札波羅熱到赫爾松市北部）三個區域[28]。

在軍事作戰上，攻擊的主要原則是「戰鬥力集中」。

一般來說，攻方需要有防禦方三倍到五倍的戰力才行。俄軍將十二萬五千人的戰鬥部隊兵力分散到三個區域戰場，每個區域戰場大約有四萬兵力；相對地，烏克蘭陸軍有九萬人兵力，再加上動員國土防衛隊十三萬人[29]，共約二十二萬人，倘若烏軍也分成三個區域，他們在每個區域就都有七萬人，反而在數量上壓過了俄軍。不可諱言，俄軍在戰車、步兵戰鬥車、自走砲等裝備數量上具有壓倒性優勢，但戰鬥力分散的事實並未改變。如果俄軍只集中軍力在東部地區或南部地區，戰況可能就會有很大的不同。

另外，烏軍對河川、山地、丘陵、森林、人造物、城鎮等戰場的細部地形都掌握得很好，特別是北部地區廣闊平原地帶並不多，國境附近存在著河川與城鎮，基輔更是大都會地區。軍隊在城鎮戰鬥中會分散戰力，應當極力避免，這是軍事常識。烏軍於田地和草原中埋設地雷，阻止俄軍部隊展開戰鬥陣形，並將俄軍行進動線侷限於道路沿線上加以襲擊。

俄軍在北部地區敗退的第二個原因是補給問題。俄軍一開始預設的目標為短期決戰，推測其有關戰鬥車輛的武器、彈藥、燃料、士兵糧食、飲水等後勤補給的相關規畫並不完善。另外，作戰部隊預先攜帶的燃料、彈藥用盡時的補給規劃（比如前線支援地區與補給路線的安全保障），似乎俄軍在這方面的準備不夠周詳。

俄軍在北部地區敗退的第三個原因是，烏軍的充分準備以及西方世界的對烏支援。烏軍透過在東部地區與親俄武裝勢力的反覆鏖戰，累積了經驗值。他們還接受英美的訓練指導，並得到反戰車飛彈與攜帶式防空飛彈等最新裝備，作戰能力明顯提升。

烏軍在二〇二二年九月六日對東部地區展開攻勢。十一日，他們從俄軍手中奪回東部哈爾科夫州的要衝伊久姆，短時間內就收復了該州被占領區域的大半，面積約三千平方公里[30]。十四日，澤倫斯基總統走訪伊久姆，參加升旗典禮，向全世界宣告作戰成功。

九月十日，烏軍將攻擊重點轉移到東部要衝利曼，主力部隊遂展開包圍利曼的行動[31]，致使五千名俄軍被迫遺棄諸多裝備撤退。烏軍在十月一日，宣布光復利曼。

「混合戰」的效果

中國從烏克蘭戰爭得到參考經驗後，會對「武力犯台」戰爭做出什麼樣的評估？

1 混合戰

烏軍的充分準備以及西方世界的對烏支援，足以讓俄軍混合戰效果大減。

混合戰是刻意混淆軍事與非軍事界線的手法。例如，利用隱藏國籍的不明部隊進行作戰；透過網路攻擊阻斷通訊並癱瘓重要基礎設施；透過網路與媒體散布假消息等，迫使對手必須騰手處理軍事層面以外的複雜情勢。中國軍隊會從俄軍以電子戰開局的失敗中汲取教訓，很有可能在侵略台灣前就會下令戰略支援部隊底下超過十萬名的「網路攻擊部隊」發動激烈攻擊。

中國軍隊也會派遣特殊部隊潛入台灣本島，指導和支援反政府活動，並利用親中派反政府團體，展開破壞行動與恐怖攻擊；同時，他們也會收買在軍方與公家機關擔任要職的人員，削弱台灣政府能力[32]。

2 電子戰

中國軍隊的電子戰裝備，應該和俄軍差不多。中國從烏克蘭戰爭得到參考經驗後，應會試著強化干擾裝置的效率，擴大頻率波段範圍，改良電戰攻擊能力。

在防禦性電戰方面，俄軍許多通信設備都沒有加密功能，幾乎都是以無暗號的「白話」方式遭烏軍竊聽。加上通信設備不足，部隊間經常使用行動電話聯絡；電話遭竊聽後，作戰行動整個曝光。

中國應該會針對台灣軍隊和美軍電子干擾的能力進行強化防護，提升通信設備的加密系統，並禁用個人手機。

況且中國的電子通訊產業比俄羅斯發達，要把這方面的技術轉用到軍事策略上也比較容易。

倘若中國只攻擊台灣的通信基礎設施，要完全破壞台灣軍隊的指揮通訊網極為困難；因此，中國不單要破壞台灣的通信衛星，也要考慮針對台灣目前使用的外國通信衛星進行破壞或干擾。

3 空中優勢

中國空軍和台灣空軍相比，擁有壓倒性的航空戰力，只要中國空軍在戰爭初期獲勝，就能確保在台灣海峽的空中優勢。

接下來為了掩護地面部隊，中國軍隊也必須確保在台灣本島的空中優勢；而主要的課題就是突破台灣防空飛彈防禦網。中國軍隊也會運用精密導引武器，破壞對空雷達與飛彈，作為登陸前的先制攻擊；但是要讓台灣軍隊防空系統徹底癱瘓，仍有相當的難度。

因此，如何削減台灣軍隊剩存的防空能力，也是一項課題。除了偵察衛星與電波情報，中國軍隊還會整合潛入情報人員和內應合作組織的情報蒐集能力，盡可能蒐集台灣軍隊的移動雷達與對空飛彈配置情報。

另外，中國軍隊在地面作戰時，會以自殺無人機攻擊台灣的移動式對空飛彈和單兵攜帶式對空飛彈，破壞台灣軍隊的防禦網。

4 作戰

就如《孫子兵法》所示，兵貴神速。若是進行長期戰，勢必消耗大量彈藥與燃料，以及損失大量兵力與裝備，造成龐大的經濟損失。不只如此，還有可能會引發以美日為首的西方各國支援與軍事介入。

因此，中國最期望的就是在他國干涉前，短時間內就占領台灣全島；換言之，只要在美軍介入前達成實效控制，目標就算達成。但日本與其他國家的干涉也不可不防，所以中國在訂定作戰計畫時，也會針對鄰近的日本進行局部戰爭以納入考量！

烏克蘭戰爭，是一場短期決戰目標落空且陷入長期消耗戰的案例。俄軍預判烏方戰意低落，從三個方面展開攻擊，結果導致俄軍戰力分散。然而最重要的是俄軍作戰定位不清，更無法向士兵充分解釋開戰的正當理由。

中國軍隊在武力犯台前，會透過情報戰以降低台灣軍隊士氣，使台灣民眾戰意低落。中國軍隊還會對自己國民及軍人散播訊息：「解放台灣是中國的夢想，台灣民眾以壓倒性的多數支持中國統一台灣，但目前台灣民眾遭到少數富裕階層、政治家與高階軍官的挾持」，從而提振中國軍民的戰意和士氣。

中國軍隊為了集結壓倒性戰力，會從其他戰區調動部隊至東部戰區，編成超過四十萬人的入侵部隊。此時台灣地面部隊的編制約有九萬人，與中國的戰力相差約四倍，可說是滿足了「戰力在防守方三倍以上」的作戰原則。另外，支援地面部隊的海空軍包括對地支援戰鬥機與轟炸機、火箭軍的精密導引兵器等在內，數量也遠勝過台灣軍隊。

二〇二五年左右，中國會把兩棲突擊艦從現在的三艘增加到十二艘，登陸能力一口氣增加四倍。再加上其他登陸艦艇與民間徵用貨輪，可望強化海上運輸能力與登陸能力。

中國軍隊預計會登陸的地區是台北市與台南市海岸，其次是台中市海岸。登陸成功後，會趕緊確保掌控第二波入侵部隊所需的重要港灣與機場。

海軍火力支援會確保入侵部隊佔領橋頭堡；至於在進攻台灣內陸的時候，中國軍隊會集中登陸砲兵火力打擊防禦部隊，以確保火力優越性。

俄軍因為執著於占領市鎮，所以無法擴大控制地域。中國軍隊則會迂迴繞過大範圍城市區域，確保自己可以容易占領的周邊地域。中國抱持「柿子熟了，自然就會掉下來」的想法，會採取以下戰略：先包圍大城市，切斷補給路線，再等待對方投降。

中國軍隊所面臨最大的課題是占領台灣東部。

台灣的中央山脈是由一整排海拔超過三千公尺連綿不絕的高峰所構成，全長可達三百四十公里。

除了中央山脈，在台灣西北部有雪山山脈，西南有阿里山山脈和玉山山脈縱走，將台灣本島分隔成東西兩個部分。只有北橫、中橫、南橫幾條主要道路連結東西兩邊，若是台灣軍隊沿著這幾條公路構築抵抗陣地，中國軍隊勢必難以打通進攻路線。

在烏克蘭戰爭中，由於聶伯河等河川構成地形障礙，俄軍在渡河時嚴重受挫，因此中國軍隊很可能會避開橫貫公路，改採迂迴戰術在台灣東部登陸。

中國軍隊可能登陸的地點，包括宜蘭縣五結鄉、花蓮縣新城鄉、台東市。

要將登陸部隊送到台灣東部海岸，必須通過宮古海峽或與那國島—台灣海峽；為了掩護入侵部隊的側背，中國軍隊很可能會對與那國島、石垣島、宮古島展開限定性侵略（島嶼的占領與安全化）。中國軍隊若是能在釣魚臺群島配置雷達，則可擴大監視範圍，對在台灣北部與東部的作戰相當有利。

俄軍旅的營級戰鬥群（BTG），是由三個步兵連、一個戰車連、兩個砲兵連和一個防空連所構成，但三個步兵連的防護力很低，戰力無法充分發揮。同樣以旅—營為戰術單位的中國軍隊，其營級規模則是編有四個步兵連，比俄軍戰力更強。若是將這些配屬了戰車、砲兵部隊的營級與旅級戰鬥群整合起來，發揮戰力，並對台灣軍隊各個擊破。

5 情報

俄羅斯開戰前的假情報與假旗作戰，在美國等國家阻撓下，並未發揮預期效果。俄羅斯對自己國民的宣傳，也因為社群軟體的普及遭受阻礙，未能發揮綜效。中國汲取這些教訓並靈活展開對自己國民與台灣民眾的多層次情報戰。

中國會對自己國民散播「多數台灣民眾願意和大陸統一」，或是「台灣政府鎮壓民眾」之類的假消息，使中國入侵台灣的理由名正言順。中國也會切斷與國外的網路通訊，阻止外國消息流入。

和俄羅斯相比，中國監視國內的技術相當發達，情報管制強度也高。初步研判他們會在靠近台灣的福建省軍事設施或基礎設施，發動偽裝式恐怖攻擊事件，然後謊稱是台灣所為，利用假旗作戰來製造入侵的口實。

至於對台灣民眾的認知作戰，預料中國會靈活運用大眾媒體、社群軟體、親中派團體等各種工具，宣傳台灣政府施政無方，才導致外交經濟政策失敗，並大力陳述政府鎮壓民眾、富裕階層腐敗等假消息，企圖分裂台灣民眾。滲透到台灣軍隊中的諜報人員，會透過抗命、破壞等反軍隊手段來弱化台灣軍隊。

毫無意外地，中國會把「入侵台灣是內政問題」當作是國際宣傳主軸。俄羅斯入侵獨立國家烏克蘭，是對他國的侵略行為，違反聯合國憲章。相對地，中國入侵台灣時，會向國際主張：「在一個中國原則下，台灣多數民眾都追求統一。這只是為了排除妨礙統一的部分勢力所進行的必要軍事作戰，他國只要干涉對台戰爭，就是干涉中國內政」。

中國會以「中國當局是受台灣民眾的邀請來解放台灣」作為侵台口實並進行宣傳，利用社群軟體擴散到全世界。他們也會為了讓以美日為首的西方國家及民眾厭戰氛圍高漲，不斷散播假消息。

俄羅斯在烏克蘭占領區域建立親俄自治政權，再透過公民投票，完成併吞的法律程序，不過，國際社會拒絕接受這種作為。

但在中國的宣稱裡，進攻台灣是內政問題，入侵作戰完成後，只需建立親中自治政權，根本不需要其他併吞的法律手段，也不需國際承認，這就是中國預設的攻台立場。

6 後勤

在烏克蘭戰爭中，後勤活動的重要性是俄烏兩軍的共通主題。

俄軍就故障裝備保修、損耗裝備補充等問題上未能建構完善的整補計畫，也無法順利支援前線部隊作戰。尤其是在裝備損失慘重的情況下，遺棄的裝備甚至被烏軍回收再利用。由於後勤補給無法趕上裝備損耗的速度，軍隊迫不得已使用老舊裝備應戰，徹底暴露出俄羅斯兵器生產線的缺陷。再加上西方禁運半導體等重要零組件，更使得整個情勢雪上加霜。

中國軍隊在擴充生產裝備時，也力圖提高後勤部隊能量。因為武力犯台必須穿越最窄處約一百四十公里的台灣海峽，中國軍隊反覆琢磨計畫，讓一切周全俱到，直接在福建省的各港口規劃設置後勤支援基地，並從一開始就利用貨輪，進行大規模運輸作戰。

中國軍隊也會在對岸的台灣本島設置臨時碼頭，讓後勤物資順利登陸。若能實際佔領和控制港口，物資上岸數量與速度就能飛快提升。

隨著佔領區域的擴大，除了物資補給，中國軍隊也積極設立能夠修理故障與中彈裝備的前方支援基地；同時鋪設海底油管，進行燃料補給。

為了維持海上補給幹線，中國軍隊會將海軍與空軍的有力部隊編組成整合部隊，進行海上護衛作戰。這種護衛作戰，是左右入侵作戰整體成敗的重要關鍵。

俄軍在整場戰爭中，一直受苦於前方補給基地（彈藥與燃料儲備處）遭到攻擊，導致第一線部隊不得不後退，重新整理戰線。

中國在海上補給幹線之外，必定也會建立陸上補給幹線，全力支持入侵台灣內陸的部隊。為了防止台灣軍隊和游擊隊的破壞，中國也必定會配置警備部隊。警備部隊應該會由民兵負責警戒任務。

中國一方面會利用空襲等手段，在入侵前對台灣軍隊的後勤設施予以戰略性打擊，在入侵後也會致力蒐集情報，一旦發現台灣的後勤設施，就迅速展開攻擊。台灣軍隊應該會使用隧道或地下場所囤積物資，因此中國軍隊會使用碉堡剋星之類鑽地飛彈，設法攻擊這些物資儲備點。

中國針對台灣東部登陸的部隊進行整補，會比西部地區更加困難。這種補給作業需要穿越與那國島—台灣海峽，進行長程移動，因此補給部隊會暴露在日本自衛隊的直接威脅下。

因此，在入侵台灣的同時，中國軍隊也必須派遣部分部隊前往與那國島進行空中機動作戰，確保掌控這座島嶼。

中國的最終作戰目的，是要佔領台灣全島；但是他們應該也會評估若沒能實現短期決戰，最糟糕情況將會是如何。在這種時候，中國軍隊就會先實效控制他們所占領的台灣西部區域，將台灣海峽「內海化」。台灣的主要都市、產業基礎設施、多數人口都集中在西部，這些全都由中國實際控制。

在美軍正式參戰之前，如何把占領地區擴大，並變成既定事實，是中國武力犯台作戰最焦點所在。

過去的「台海危機」

隨著中日戰爭結束，蔣介石率領的中華民國國軍與毛澤東率領的共產黨軍隊，在中國大陸展開激戰，最後蔣介石於一九四九年十二月撤退到台灣。在這之後，台灣海峽共發生過三次危機：

一九五四到五五年的第一次台灣海峽危機，是圍繞著中國東南沿海島嶼展開的戰鬥。

一九五四年八月，周恩來總理宣布要解放台灣，除了對金門島與馬祖島展開砲擊外，也對大陳島和一江山島發動奇襲，驅逐中華民國國軍，占領兩島。一九五五年一月，美國總統宣布，為了守護中華民國，將會採取軍事行動，中國方面表示願意進行交涉，危機才告終結。

第二次台灣海峽危機是一九五八年的金門砲戰。

一九五八年八月二十三日，意圖入侵中華民國金門島與小金門島的中國軍隊，對這兩座島嶼展開激烈砲擊；據說在最初的二小時內就發射了約四萬枚砲彈。美國派遣第七艦隊的七艘航空母艦到台灣海峽，並對中華民國提供武器支援。

戰事朝著對中華民國軍隊有利的方向演進，戰爭逐漸平息。但之後砲擊仍定期實行，一直等到一九七九年一月一日中美建交，砲擊才完全停止。也就是說，砲擊總共進行了二十一年。

第三次台灣海峽危機，是從一九九五到九六年的飛彈危機。

一九九五年六月九日，推動台灣民主化的李登輝總統訪問美國，在康乃爾大學發表演講，中國政府強烈反彈，在一九九五年七月到八月間，在台灣北部基隆市與南部高雄市鄰近海面進行飛彈試射。中國這麼做，是為了在隔年三月台灣首次總統民選中，散播「選擇李登輝，可能會導致戰爭」的訊息。

美國的反應相當迅速。

基於《台灣關係法》，他們在三月八日表示，要派獨立號航母打擊群前往台灣海峽，並決定在三月十一日追加派遣位於波斯灣的尼米茲號航母打擊群，駛進台灣海峽，展現防衛台灣的強烈意志。

台灣孤軍奮戰

台灣在二〇二一年三月發表的「四年期國防總檢討（QDR）」中，主張增強長程兵器與不對稱戰力（對敵方的攻擊以其他方式反擊），透過整備警戒監視能力來強化防衛能力；活用大數據技術，解析中國灰色地帶的戰術；以及海軍與海巡署攜手合作等應對方針。

在二〇二一年十一月發表的國防報告中，針對中國的灰色地帶戰略威脅，台灣也著手進行不對稱戰力與國產武器的擴充、從美國進口武器、強化整合訓練、提升網路能力、認知戰教育、強化動員體制等應對措施[33]。

台灣打算以戰鬥機、艦艇等主要裝備和不對稱戰力組合，擺出多層的防衛架式；也就是透過「防衛固守、重層嚇阻」，盡可能在遠方就阻止中國的入侵。

具體來說整體防衛作戰的構想有三種，可分為「戰力防護」、「濱海決勝」以及

「灘岸殲敵」。所謂「戰力防護」，其目的是為了減輕中國軍隊先制攻擊造成的損害並保存軍隊戰力；而「濱海決勝」，乃是透過航空戰力與沿岸配備火力確保局部優勢，集中戰力打擊中國的兩棲運兵船艦；至於「灘岸殲敵」，則是預置各種阻絕障礙和聯合火力配置等，擊潰在沿岸地區進行登陸的中國船艦。

在「四年期國防總檢討」與「國防報告」中，提出了「拒敵於彼岸，擊敵於海上，毀敵於水際，殲敵於陣內」的用兵方針。簡單解釋，就是以層層重疊的方式阻止中國軍隊的入侵，用指向性整合火力攻擊逐步削減中國軍隊戰鬥力，瓦解其攻勢、阻止其登陸入侵，從而讓犯台企圖失敗[34]。

說得更清楚一點，台灣軍隊的作戰就是致力阻止來自前方的入侵，削減其戰力，爭取時間等到美軍來援。

從國防白皮書來看，台灣打算在一息尚存的情況下，全力應付中國入侵；其特徵在於，台灣要獨自面對強大的中國軍隊。相對於日本和韓國，他們有和美國結為同盟、共同應對危機的計畫。日本也為了印太和平與安全，與澳洲、印度等國家共同組成了「四方安全對話」（Ｑｕａｄ）。

基於與多數主要國家沒有邦交的宿命感，台灣的國防白皮書也籠罩著某種悲壯感。

半導體產業與虛擬國家構想

特別是美國，對半導體製造據點集中在台灣深感不安。蔡英文總統就說：「將半導體產業集中在台灣並無風險」、「要在最先進的半導體製程中，維持台灣的優越性與能力，對半導體的全球供應鏈重組最佳化提供支援，讓台灣的半導體企業能扮演更重要的角色。」[35]

位於台灣西北部、台北西南方約八十公里處的新竹市，是一座擁有約四十五萬人口的重要城市，也被稱為「台灣矽谷」。

在新竹市郊外的「新竹科學園區」，聚集了電腦、通訊裝置、半導體等IT相關產業，光是生產半導體的勞動人口就有十七萬人。

世界最大的半導體代工企業台積電（ＴＳＭＣ），在一九八七年成立後，產能與市值不斷成長，擁有全球高階晶圓與晶片半導體近七成的市占率。總市值是豐田汽車的兩倍左右（二〇二二年十二月時）。

如果台積電被中國占領，恐會出現全球半導體吃緊的狀況，對世界經濟造成重大打擊。這也是美國會積極防衛台灣的原因。

平日就把台灣的基礎產業、先進企業技術、生產線在分散到其他國家，台灣的國家資金也拿來進行海外投資或存在外國銀行；一旦中國有進犯徵兆時，進一步將高科技產業技術人員疏散到美日各地，也是不錯的選項。

如果從「讓台灣存活下來」的策略進行考量，或許可以在網路上建立「虛擬國家」。

在虛擬空間創立「台灣共和國」，讓全球華僑可取得台灣國籍，繳納入籍稅，捐款和繳納年費。「虛擬台灣政府」可以賦予國民台灣國籍、核發護照、確認和保障國民身分，並以雄厚資金購買全球休閒勝地，提供博弈娛樂，供居住於全世界不同地區的台灣國民優先使用。如此一來，即使台灣全島都遭到中國占領和統治，也能以虛擬國家之姿，在沒有領土的情況下存續。

體檢自衛隊「防衛力整備計畫」

岸田文雄首相明言要「徹底強化防衛力」，並在二〇二二年十二月十六日訂定了「國家安全保障戰略」、「國家防衛戰略」、「防衛力整備計畫」三項安保相關文件。基於新的防衛戰略，自衛隊的防衛能力將會徹底提高，美日共同作戰能力也會深化；不只如此，日本也會致力強化與澳、印的四方會談，連同「澳英美三方安全伙伴關係」（AUKUS）成員之一的英國，一起強化國際安全保障架構。這樣做的目的在於，透過外交努力讓中國明白入侵台灣將遭致國際社會強烈反彈與制裁，損害成本難以估計。

儘管如此，當台灣發生戰爭時，還是需要政府與政治家強而有力的領導。早期且適切地預測情勢演變，迅速將主導權由警察轉移到自衛隊，並將防衛部隊機動調整到必要場所，以抑制事態擴大。

若日本遭到入侵，美日就會進行共同反擊。和北約不同，《美日安保條約》第五條規定「依循本國憲法上的規定及手續」。美國憲法規定開戰權在美國國會，啟動《美日安保條約》需要經過國會承認；因此日本為了讓美軍盡早來援，必須尋求更廣泛的外交努力。

日本政府訂定了十年間應保有防衛力水準的「國家防衛戰略」，以及攸關自衛隊體制的「防衛力整備計畫」，並將二〇二三年起五年間的防衛經費定為約四十三兆日圓。五年後的二〇二七年，包含基礎設施整備與海上保安廳經費在內的防衛力補充總經費，將達GDP的百分之二。

這次安全保障政策最大的調整，就是明記日本應保有破壞敵人飛彈基地的「反擊能力」。

岸田首相在同日傍晚的記者會中表示：「在我國周邊地區迅速增強軍備，透過武力單方面改變現狀的嘗試日益顯著。因此，我們必須堅守守護國家與國民安全的使命。」

在「國家防衛戰略」中，列舉了重視強化防衛能力的七個項目。這七個項目分別是：距外防衛能力、整合防空飛彈防衛能力、無人裝備防衛能力、跨領域作戰能力、指管通情機能、機動展開能力與國民保護、持續性與強韌性。為了達到這些項目，也對「防衛力整備計畫」的主要事業展開籌畫，標示出「二〇二七年」與「十年後」兩個目標達成時間點。二〇二七年，正好和外界評估中國可實現武力犯台的時間點相符合，日本政府在言談中可說是顯露出相對應的危機感。

當「防衛力整備計畫」五年目標達成時，自衛隊會採取怎樣的應對方式呢？讓我們來具體檢視。

一、距外防衛能力

目標是獲得在實戰中運用距外飛彈的能力。依此要整飭的裝備，包括了改良型十二式地對艦誘導彈（陸基反艦飛彈）、戰斧飛彈（巡弋飛彈）。

把改良型十二式地對艦誘導彈的射程延伸到約一千公里。若從宮古島與沖繩本島發射，可將與那國島和釣魚臺群島包含在射擊範圍內。戰斧飛彈的射程超過一千三百公里，美國擁有的改良型戰斧飛彈最高射程更可達到三千公里，有能力直接攻擊中國本土。

若將這些裝備配置在沖繩本島等地，就能牽制靠近西南群島的中國艦隊。如果中國軍隊打算登陸與那國島、釣魚臺群島，這些軍事武器也可從中國軍隊直接威脅的範圍外發動攻擊，阻止他們登陸。

二、整合防空飛彈防衛能力

目標是強化對抗極音速武器及小型無人機（UAV）的能力。具體的整備內容，包括改良型零三式中距離地對空誘導彈、神盾系統搭載艦、反彈道飛彈等。

目前有兩艘在整備的神盾系統搭載艦，其中一艘預計要裝載改良型反彈道飛彈，用以攔截中國軍隊的彈道飛彈。

可是，這樣能否能有效應對「飽和攻擊」（攻擊方採用大密度、連續攻擊的方式，在短時間內從空中、海面、水下等不同層次，向防守方同一個目標發射超過其防禦攔截能力的飛彈），仍是個疑問；特別是應付飛行軌跡不規則的極音速滑翔機（HGV）的難度相當高。另外，在計畫達成期間內，自衛隊也很難達到完全反制攻擊型無人機的目標。

三、無人裝備防衛能力

為了讓情報蒐集、警戒監視、偵察、鎖定等做到滴水不漏，必須整備能提供海上監視效果的滯空型無人機、艦載型無人裝備，以及在敵人威脅範圍內仍能持續蒐集目標情報的偵察用無人機等，各式各樣不同用途的無人軍事裝備。

現在，航空自衛隊與陸上自衛隊已部分配有無人機，但現在還不清楚五年內將會引進何種性能和規模的無人機裝備。

以烏克蘭戰爭的經驗來看，戰場上必須配備各種機能不同的大小無人裝備，才能發揮綜效，自衛隊有必要盡早進行準備。

四、跨領域作戰能力

整飭太空、網路、電磁波、陸海空等四大領域的作戰能力，提升情報蒐集、通信等效能。

為了強化與美國聯合作戰的效果，也應提高民間衛星的利用度，建構足以獲得探知、追蹤目標的衛星星座（Satellite constellation，系統化的人造衛星群）。但要在短期內達到以上目標仍有難度，所以還是必須假設中國軍隊在情報衛星、衛星攻擊武器等太空領域上仍然占有優勢，具備足以擘劃相對有利的作戰能力。

在網路安全保障領域上，其政策由政府統一調整；在提高自衛隊網路安全層級的同時，也著手強化政府部門與重要基礎建設、防衛產業的合作。

具體而言，包含自衛隊在內的網路部隊，計畫五年後增加四千人。不過，中國的戰略支援部隊網路兵力，是達十七萬五千人[36]的巨大組織，日本政府的官民基礎建設與自衛隊相關系統的防護設備都很脆弱，導致大規模停電或系統故障等情形發生，無不讓人感到憂心。

自衛隊在強化通訊干擾與雷達干擾能力的同時，也要強化電波的探知與識別能力，並使用電波欺敵戰術，提升整體電戰能力，擴大電波的各種可能利用方式，以雷射裝備對付小型無人機。

陸上自衛隊配備干擾敵人通訊和雷達機能的網路電子戰系統，目前也在提升裝備性能，開發防空火力威脅範圍內的電子干擾（Stand-In Jammer）技術。

中國軍隊的電戰能力很強，有可能對自衛隊的作戰產生相當影響。為了將這種影響最小化，有必要盡速進行電戰系統的增強與電戰能力的提升。

其他自衛隊，也必須加速取得裝備，強化陸、海、空跨領域作戰基礎。現在日本每年能獲得的裝備數量並不多，充實部隊戰力很耗時間，軍人教育訓練也必須跟上進度，如果能盡早充實部隊效能，領域作戰能力也將提升。

五、指管通情機能

到二〇二七年為止，除了要整備自衛隊的情報能力，還要達到能夠應付混合戰與認知領域情報戰的效果，並且同時整備衛星星座「近實時（near real-time）」情報蒐集能力。十年後，要能大規模運用AI等方法以強化情報蒐集與分析能力；增強情報蒐集設備的機能以建立即時情報共享的體制。

然而在短期間內，指管通情機能無法徹底整備完成，自衛隊能夠對抗中國軍隊的情報戰與混合戰到什麼程度，仍屬未知。

六、機動展開能力與國民保護

面對敵軍侵略島嶼地帶，日本必須確保海上與空中優勢，阻止入侵部隊接近與登陸。相關部隊平日要經常演練，以便在戰事發生時能迅速機動部署。在強化海上與航空運輸能力的同時，也要運用民營公共建設（ＰＦＩ）的運輸能量。

保有、善用、強化以上機能，實際效率才能提升。

整合自衛隊輸送能力，讓島嶼居民快速避難。有關國民保護的課題，我後面再詳述。

七、持續性與強韌性

從彈藥、燃料與裝備妥善性來看，自衛隊的續戰能力並不夠。為了確保續戰能力，有必要確保彈藥產能與彈藥庫設備的提升，擁有充沛的彈藥，建立能達到燃料量與裝備百分百妥善率的機制。

到二〇二七年前，彈藥必須確保在一定數量，也要化解零件不足、妥善率低落的問題。

戰爭時間長短、島嶼儲存量能、運輸能力等因素，都會影響彈藥與燃料的備用量。若戰爭時出現裝備損耗，再緊急下單生產，會趕不上需求，戰時補給常會出現困難。

到二〇二七年為止，要盡可能達成司令部地下化、主要基地與駐屯地的集約化與重新配置，強韌各種設施；戰鬥機的機庫也要碉堡化，增強抗轟炸能力。

訂定最重要的「居民避難計畫」

日本的《國民保護法》中規定，在發生「緊急應對事態」與「武力攻擊事態」時安排居民避難，地方自治政府必須扮演關鍵角色。在遭遇武力攻擊時，自衛隊必須全力投注在排除武力攻擊上，無法和平日發生災害時一樣，派遣軍隊協助，此時政府必須預早判斷，讓先島群島居民開始避難；自衛隊在有行有餘力時，進行避難引導與運輸。

若不幸避難指令下得太晚，自衛隊就必須在島上仍有居民的情況下進行防衛作戰，此時為了確保居民安全，自衛隊會開放防空洞或既有隧道等的避難設施。

在台日僑的避難也是個重要課題。如果情勢惡化到必須發出避難勸告，在台灣的二萬零三百四十五名日僑，要怎樣做才好？

首先，是盡最大可能利用民航機以及特許客輪，分別從空路和海路撤僑。若情勢緊迫，海空交通斷航，外務大臣就必須拜託防衛大臣，動用自衛隊疏散在台日僑；與台灣政府協調，取得讓自衛隊飛機進入台灣領空和使用機場的許可。若自衛隊飛機無法從台灣西部進入，就必須在台灣東部設立運輸據點，用直升機運送日僑到停泊於海邊的海上自衛隊艦艇。

中國屆時必會主張「台灣問題是內政問題」；對此，日本政府應主張「中國政府有責任保障日本國民從台灣撤離和避難的安全性」。

其他必須解決的課題

自衛隊基於新的「國家防衛戰略」與「防衛力整備計畫」應對中國軍隊侵略，但還有很多必須解決的課題。

若要確保「防衛力整備計畫」中規劃的的組織與裝備數量，開戰後損壞的裝備要如何盡速維修？損耗的裝備又該如何補充？第一線的裝備回收可由自衛隊負責，但當自衛隊的野戰保修與補給點無法應付時，就需要民間企業支援。

目前戰車、火砲與戰鬥機的生產流程都是以「年度」為單位，企業也沒有加緊趕工的情形。所以自衛隊的主要裝備平常就要保持在一定數量以上，隨時檢討部隊與補給點的管理方式。雖然得要花費維持管理，其他國家早已這麼做。

預備自衛官的數量不足是個問題。

以陸上自衛隊為例，二〇二二年度末的員額是常備自衛官十五萬五百九十人、即應預備自衛官（緊急徵召時可以立刻恢復現役的人員）七千九百八十一人、預備自衛官四萬六千人。戰爭時可以用緊急招募的方式來補充自衛官，但需要三個月基礎教育期；這段時間就只能靠預備自衛官擔任補充人員，但這批人有些年齡較大，因此有必要整體檢討預備自衛官制度。

設置軍事法庭也是個問題。

就像處理重大海難事件時會設立「海難法庭」一樣，防衛省是否也應該設置「防衛法庭」（暫稱）特別機構？海難法庭是基於海難審判法展開行政審判，防衛省也有必要針對自衛隊這個戰時行動的特殊組織，設置公正審判的法庭。

如果一審、二審由這個法庭審理，三審再交給最高法院的話，就不是日本憲法禁止的「特別法庭」了吧。

最後，對自衛隊的派遣有重大影響，莫過於「國內輿論」吧。

過去日本政府派遣自衛隊到海外時，不管是加入聯合國維和行動（PKO）或支援伊拉克人道救援等任務，在野黨和民間團體都會發起抗議活動。二〇一五年審議「和平安全法制」審議時，在野黨和民眾團體也批評是「戰爭法案」，發起激烈抗爭。

可以預期當台灣出現戰爭時，也會有部分在野黨與民間團體高唱和平，展開反戰運動。可是，一旦戰爭發生，事態演變會很快，日本政府也必須以夠快的速度因應。

日本政府必須審慎評估反戰與抗議活動狀況，向自己國民真實和詳盡地說明。

「安全確保法制」能發揮機能嗎？

二〇一五年制定的《和平安全法制》，是一個法制總稱，透過既有的《自衛隊法》、《周邊事態法》、《船舶檢查活動法》、《聯合國維和行動（PKO）協力法》，來擴大自衛隊的角色，應對「危急存亡事態」。其中和本書各章有關的法制，包括了修訂後的《自衛隊法》、《重要影響事態安全確保法》、《在武力攻擊事態等及危急存亡事態中，確保日本和平獨立暨國家與國民安全之法律》、《在武力攻擊等事態中，為保護國民所採取措施之法律（國民保護法）》。

日本的法律體系其實相當複雜，例如，本書第二部提到，當台灣發生戰爭的兵棋推演真實發生時，美軍投入作戰後，日本因為要對美軍進行後方支援，所以必須進行有關「重要影響事態」的決議，日本才會依據當前事態採取必要的作為；其後隨著事態發展，倘若發生為了保護美軍軍艦與「危急存亡事態」有關的狀況時，自衛隊才會依據當前事態出動防衛。

從法律來看，要在「危急存亡事態」下才能行使集體自衛權，若是其後遭到直接攻擊，才會被認定為「武力攻擊事態」，這是屬於個別自衛權的範疇；此時就可以啟動《美日安保條約》，立即向美國政府提出協防請求。

在「危急存亡事態」下，美國海軍驅逐艦得在海上自衛隊護衛艦戒護下進行作戰。若是美艦遭受攻擊，美軍當然也會請求海上自衛隊艦艇防護（反擊）。這時候，海上自衛隊艦艇就可以在「危急存亡事態」下展開行動。

接著，若是海上自衛隊艦艇遭到直接攻擊，日本就將當前事態改為「武力攻擊事態」，並啟動《美日安保條約》，請求與美軍共同作戰……美軍應該無法完全理解日本對於事態轉換的認定標準。

當然在護衛艦出動的時候，自衛隊會給予艦長一個概括的行動基準，讓作戰能順利進行；但依照現行日本法律規定，若無透過複雜手續的過程，自衛隊是無法順利出動的。

再來是關於行動的課題。一般軍隊為了在符合國際法規範下採取行動，會有一份「負面表列」（negative list，不能做的行動）規範，但自衛隊的性質和一般國家的軍隊不同，反而和警察比較相像，是受到國內法性質的「正面表列」（positive list，可以做的行動）所規範。每當採取新行動時，就要訂定相應的基本規定，操作上缺乏彈性。

除此之外，戰爭時限制自衛隊行動的法規也相當多。

在安全保障法制中，特別要檢視的是《國民保護法》。在戰爭發生時，要讓先島群島約十萬位的居民盡早透過安全的運輸管道撤離，前往島外安全的地方避難。可是，日本目前並沒有進行島外避難的實際訓練。為了在戰時能迅速達到全島居民避難，安排運輸動線、避難場所，平日就得詳細規畫和實際演練，如此一來就能掌握避難所需的時間。

另外，日本也沒有安排做為避難用途的民間船舶與飛機之合法法源依據。而且，能否及早掌握避難所需的時間，就得仰賴政府果斷決策；一旦決策猶豫了，居民就會錯過時機避難而被捲入戰爭中。因此最重要的就是，「果斷決策」。

親日國家台灣與日本的羈絆

最早居住在台灣的是原住民，十六世紀後，荷蘭人和西班牙人開闢殖民地，十七世紀漢民族從中國大陸移居過來，台灣遂成為漢民族控制的場域。十九世紀日清戰爭，台灣與澎湖群島被大清割讓給日本，成為日本統治範圍。

日本設置台灣總督府，透過成立學校、教導日語等方式，推動日本化。這段期間，雖然有高砂族發起「霧社事件」等由台灣原住民主導的武裝抗日行動，但都被日本武力鎮壓。

日本戰敗後，在國共內戰中敗北的中國國民黨取而代之（這些人被稱為「外省人」，一直以來居住在台灣的民眾則被稱為「本省人」）。一開始，台灣人很歡迎國民黨人，但國民黨軍隊士氣低迷，再加上政府統治手法傲慢，導致民心悖離，掀起「二二八事件」，但隨後遭到蔣介石武力鎮壓。據聞，二二八事件中，有好幾萬名台灣社會精英遭到殺害。但這個事件也刺激台灣人產生獨立信念。

當中國共產黨完全統治中國大陸後，當然會想要解放台灣，但隨著韓戰爆發，中國共產黨將眼光轉向朝鮮半島。美國派遣艦隊，以巨額的軍事和經濟援助，幫助蔣介石政權不墜，就為了防止台灣赤化。

第二次世界大戰後，台灣持續往現代化邁進；二十一世紀以電腦為核心的工業生產率躍居世界前茅。到現在，台灣的半導體製造業已成長到足以左右世界經濟大局。台灣是全球與日本最親近的國家，日本統治台灣時，建立教育制度（連語言殊異的山區的原住民族，都使用日語當作共通語言），建設治水、道路、港灣、電力、醫院等基礎設施，間接促成台灣的「現代化」；再加上遷台的國民黨士氣低落，態度橫暴，統治手法粗糙，對日本的正面評價反而增加了。

一九七一年十月二十五日，聯合國大會通過「阿爾巴尼亞決議」，中華民國失去了聯合國常任理事國的席次，並退出聯合國。

當時我還是中學生，至今仍清楚記得電視中的新聞畫面：在聯合國，中華民國代表退席，往出口走去時，日本與美國駐聯合國代表在後面追趕。

我對中華民國的興趣與親近感，是受我父親的影響；他從上海大學畢業後，就成為職業軍人，轉戰中國大陸各地；戰後則協助國民黨軍隊。

在二〇二〇年一月十八到二十一日這四天期間，我獲邀參與民間團體主辦的「台灣慰靈彰顯之旅」。

一月十九日這天，我來到堪稱台灣靖國神社的新竹市郊南天山濟化宮，參加了以日軍身分戰死的台灣籍士兵安慰亡靈儀式。這座宮廟的建立，是因遺族年事已高，不便前往靖國神社參拜，因此透過抄寫靈璽簿的方式，將靖國神社供奉的神靈分祀到台灣；該宮廟於一九六五年創立，裡面祀奉約三萬柱神靈。每逢春節，眾多遺族前來參拜，並表達：「不用特地去靖國神社參拜，真是太好了。」我再次感受到日本與台灣之間的深刻聯繫。

第二天，我參加了高雄市鳳山區保安堂的慰靈儀式，這裡供奉的是日本海軍第三十八號哨戒艇戰士。戰後，當地漁民的漁網撈起一顆頭蓋骨，將之當成海府尊神，搭起神棚奉祀。在這之後，又有別的漁夫被海府尊神託夢：「我是艇長高田大尉，想將部下的靈魂帶回日本，希望能在此地建立祠堂。」於是當地漁夫就建立保安堂，在每年十一月二十五日哨戒艇被擊沉當天進行祭典活動。來自日本的訪問者也很多，成為和地方人士交流的場所。高田又男大尉與轄下一百四十五柱軍神，成為日台友好的紐帶，和平的象徵，令人感慨萬千。

我們也前往台南市安南區的鎮安堂飛虎將軍廟祭悼亡靈，這裡祭拜的主神是日本海軍戰鬥機駕駛員杉浦茂峰少尉。他在台灣海上航空戰中與美軍進行決戰，不幸中彈。為了避免墜落在人口密集處，他一路將飛機開到郊外，最後在敵機機槍射擊下戰死。這位生死關頭仍守護居民性命的杉浦少尉，地方熱心人士稱他為神，為他建立祠堂。在一九九九年發生的航空自衛隊練習機墜落入間川事故中，航空自衛隊的駕駛員也是為了避開入間川沿岸的住宅區與學校，而不選擇自行彈出飛機，直到最後都堅持駕駛，最後殉職。然而，檢視事故發生時日本國內批判性的報導，儘管時代不同，看到民眾對戰死和殉職者的不捨情緒，值得我們深思。

我們又前往獅頭山勸化堂參拜，這裡祀奉被派遣到菲律賓的海軍巡查隊總指揮官廣枝音右衛門警部。廣枝隊長接獲司令部的玉碎（戰亡，不投降）命令後，對屬下的台灣警官們說：「一路到此，你們已經打得很好了。在故國台灣，還有打從心底等著你們生還的家人。你們就算投降也要活下去，責任全由我來扛。」於是，他下達部隊解散命令，隨後自盡。拜廣枝隊長之賜，許多的台灣巡查得以歸國。戰後，他們在台灣的佛教聖地獅頭山祀奉廣枝隊長，到現在孫子輩仍然持續。對這些直到孫子世代仍然心懷感恩的台灣人，我深感敬佩。

除此之外，我們也訪問了海軍軍官學校、台南市議會等地，受到當地熱心人士與議員熱情款待。

我也真真切切體會到台灣人對和平的重視與對日本的溫暖。

和台灣相比，韓國的反日情感比較強烈；雖然不能直接簡單比較，但同樣曾由日本統治，兩國到底為何有這麼大的差異？

對日本統治給予好評的國家，與全盤否定的國家，出現差異的原因，應該是國家教育不同吧？

對台灣南部水利工程有所貢獻的水利技師八田與一，在台灣教科書中是被當名人尊敬。反之，韓國則是以舉國之力進行反日教育，結果發展成慰安婦與徵用勞工問題，甚至出現拒買日本商品運動。一味批判，真能得到國外的尊敬？旅行途中，一位和我交流的台灣人說了這樣一句令我印象深刻的話：「日本統治雖然有不好的地方，但也有很多好的地方；我們應該拋棄過往成見，向前邁進。」

習近平政權強行推動香港的「一國一制」，讓國際社會清楚看到中國的霸權主義。台灣對於自己會不會淪為下一個香港，抱持深刻危機感。

對日本來說，這些事並不是事不關己，中國官方船隻屢屢入侵尖閣領海，侵害日本主權。

現在不正是日台必須同心協力，面對危機的時候嗎？我們應當更加強化與台灣官方的關係，深化國民交流。

第四部

戰爭的結局

美日參戰

面對中國侵略，美國與日本會做出怎樣的對應？戰爭的走向又會如何？在第四部中，我將進行檢視。

必須注意的重點的是，台海戰爭爆發時，美中雙方都是在避免發展成「全面戰爭」的意識下展開行動。若戰爭不斷升級，雙方打得難分難解，最壞的情況有可能會擴大成使用核武，到那時候，世界就要毀滅了。

因此，中國軍隊在攻擊美國航空母艦時，會刻意將彈頭威力降低，以避免施予決定性的打擊。如果擊沉核動力航空母艦，造成六千名乘員喪命，美國輿論將隨之沸騰，導致戰爭擴大。

同樣地，美方也不會對中國本土的基地展開攻擊，而是把目標限定在中國軍隊位於台灣海峽的海上部隊，以及登陸台灣的部隊。

即使是烏克蘭戰爭，西方各國對烏克蘭的武器供應也有克制，避免歐洲全境化為戰場；在亞洲也會是如此。

中國開始武力犯台作戰前，會進行周密準備。可以預料，中國會透過祕密外交方式，促使俄羅斯、伊朗、北韓等國家以軍事行動或大規模演習來絆住各地區的美軍戰力，阻礙他們支援台灣。

當然，美國也會如法炮製。若是讓美日印澳「四方安全對話」成員之一的印度，在中印爭議邊界舉行大規模軍事演習，中國就不能轉移這個地區的戰力了。

美國也會動員情報機構，支援新疆維吾爾自治區和西藏自治區的反政府勢力，對中國後方進行擾亂作戰。

據說，在烏克蘭戰爭中，俄軍一天要發射五萬到七萬枚等為數龐大的砲彈。俄軍利用鐵路，從國內的生產補給基地向第一線部隊運送補給品。

中國在武力犯台時，補給也是重要課題。中國人民解放軍東部戰區司令部必須要進行的最大規模作戰，就是毫不間斷地將人員、武器、彈藥、燃料、糧食、水等補給品送到登陸部隊手中。

在登陸作戰中使用的民用貨輪，可以用來負責海上運輸；為了護衛這些貨輪，中國軍隊必須有充分的海軍戰力。

針對這點，美國印太軍隊在決定作戰核心時，也會把這些運輸船艦與航空母艦當作海上與航空攻擊標的，截斷來自中國本土的補給。美國的軍事介入，很有可能只會用巡弋飛彈、反艦飛彈、戰鬥機、海空無人兵器攻擊船艦，而不對登陸部隊展開航空攻擊，也不會用機動艦隊攻擊。

美國會動員三個航母打擊群的艦載機，以及日本嘉手納基地的空軍軍機，大概也會發生戰鬥機對戰鬥機的空戰。

美國會避免攻擊中國本土，或對登陸台灣的中國軍隊直接攻擊，以圖減少交戰中自軍的直接損害。

對中國軍隊而言，必須在美國為首的西方各國正式軍事支援前，營造出占領的既定事實，所以是在和時間賽跑。

若中國軍隊在台灣西部沿岸登陸，並建立起作戰基礎，中國就有可能從中國和台灣兩岸控制台灣海峽，讓台灣海峽成為事實上的「中國內海化」，美國海軍艦艇就不容易進入。

中國軍隊在台灣海峽南北設置浮游水雷、繫留水雷、沉底水雷封鎖海峽的可能性，也必須列入考量。

對中國海軍來說，西南群島的日本反艦飛彈網、台灣東部海域（太平洋上）的美英澳機動艦隊，都會對他們構成威脅。在台灣東部的太平洋方面，中國軍隊要使用大規模艦隊自由展開作戰行動，會相當困難。

另一方面，日本參戰的劇本又是如何呢？

可能性很高的發展是，從「重要影響事態」逐步提升層級。認定為「危急存亡事態」與「武力攻擊事態」時，就可以下令防衛出動，從集體自衛權的行使轉換到個別自衛權，啟動《美日安保條約》並發展成美日共同作戰，在西南群島及其所屬海空域，與中國軍隊展開戰鬥。

中國軍隊的主要戰力會放在台灣本島，用在對日作戰的戰力會很有限，這就是自衛隊的勝機。

和台灣的處境不同，美國和日本是同盟國，因此最重要的就是盡早啟動《美日安保條約》，美日共同作戰。這樣一來，即使美國海空軍在台灣海峽正面作戰，也可以期待美國給予日本某種程度的支援。

最大的課題是居民避難。從烏克蘭戰爭可以看到，如果居民殘留在戰場上，會遭受很大損害。

我們必須預期將有大批台灣民眾湧向從西南群島至九州間的島嶼避難。因此，必須要事先周密計畫宿舍設施、醫療與食物支援等接納避難民眾的事項。

除了具備二千公尺以上滑行跑道的種子島、奄美、德之島、那霸、久米島、宮古、下地島、新石垣、與那國機場，包括屋久島、喜界、沖永良部、與論、粟國、慶良間、南大東、北大東、伊江島、多良間、波照間等機場，也都必須做好接收避難民眾的準備。

日本港灣法上列為「重要港灣」的西之表港（種子島）、名瀨港（奄美大島）、那霸港、金武灣港、運天港（以上位於沖繩本島）、石垣港（石垣島）、平良港（宮古島）等自不用說，包括泊港（沖永良部島）、兼城港（久米島）、久部良港（與那國島）等地的漁港、防波堤和沙灘，應該都會有避難民眾搭著小型漁船到來。

在這些避難民眾中，混雜著中國特工的可能性也很高。

發生「摩擦」與突發事故

中國軍隊應該會為了完全占領台灣，反覆進行沙盤推演與實際演習，並在周密的準備下，展開確信會獲勝的作戰。

另一方面，台灣軍隊也會堅持防衛國土的堅定信念，徹底展開抗戰。

克勞塞維茨在《戰爭論》中引進了「摩擦」這個概念，他是這樣解釋的：「在戰爭中，因為會產生無數紙上計畫無法考量進去的小事情，所以結果會比最初設定的目標來得低，頂多就是貼近期望值而已。」所謂摩擦，就是有無法預測的自然現象與偶發事件發生，且欠缺克服的技巧，導致心理混亂，使得戰爭無法按計畫實行。

中國軍隊的誤判或過失，將與日、美、西方各國的行動產生「摩擦」，從而無法達到預期結果；但我還是把摩擦的概念納入思考，同時試著就心目中可能性很高的「戰爭結局」劇本進行預測。美日的參戰，是以第二部所提「美軍相關行動波及」這個劇本為前提來推演。

【登陸倒數前數日】

（美國）

位於華盛頓的國會以壓倒性多數票數，通過了《台灣關係法》修正案。這項修正案的主旨是：「當中國武力犯台時，應行使軍事力量防衛台灣。為此，美軍應和台灣軍隊協調，進行共同防衛作戰。」

國防部命令印太軍隊，將準備把儲備在關島和沖繩的單兵反戰車飛彈、單兵對空飛彈、攻擊型無人機等，空運到花蓮機場。

夏威夷的印太司令部也為了開設前方指揮所，派遣以副司令官為首的Team 02前往台灣；至於Team 01，則是派到日本的統合司令部（東京）。

（中國）

在新疆維吾爾自治區，維吾爾族激進派對漢民族的住宅區、警署、通信設施等，積極投擲火焰瓶，發動恐怖攻擊行動。武警強化取締工作，負責該區的西部戰區司令部，也進入預防大規模暴動的嚴密警戒狀態。

【X日：登陸日】

（台灣）

台灣軍隊從丘陵、山地與森林地區的隱蔽陣地中，發射許多反艦飛彈「雄風二型」；儘管被搭載艦隊防空系統的中華神盾艦擊落了大半，仍有幾枚飛彈命中護衛的巡防艦與飛彈驅逐艦，重創這些艦艇。

接著，隱藏在洞窟型機堡中的台灣空軍戰鬥機起飛，以視距外攻擊方式發射空射反艦飛彈，但同樣遭到中國軍隊防空系統迎擊。

前一天雖有幾艘中國海軍掃雷艇在掃除水雷作業中觸雷沉沒，但登陸前的掃雷作業已經大致完成，按照預定計畫，第一波部隊開始在台北市、台中市、台南市海岸登陸。

中國軍隊的計畫是，當第一波登陸的海軍陸戰旅所屬多數營戰鬥群確保橋頭堡後，再讓第二波機械化合成旅重戰力登陸，確保機場、港灣等設施；至於第三波以後的部隊，則會利用占領的機場和港灣來登陸。

在登陸海岸時，殘存的台灣防禦部隊與中國登陸軍隊之間，展開激烈地面戰鬥。登陸地區附近的街道，因轟炸、砲擊燃起熊熊大火，噴出熾熱火焰，黑煙瀰漫整片天空；海岸到處是被破壞燃燒的戰車與裝甲車，燒焦的士兵屍體散亂一地，呈現出地獄般景象。

中國軍隊也襲擊位在台灣海峽的澎湖群島。他們和配備在澎湖島、漁翁島、白沙島的台灣澎湖防衛部隊激烈交戰，並在幾小時後攻陷了這三座島嶼。

（東京）

在與那國島西方空域飛行中的海上自衛隊第五航空群巡邏機，遭到中國海軍驅逐艦發射的對空飛彈擊落。

日本政府立即召開「緊急事態大臣會議」，認定中國軍隊對海上自衛隊巡邏機的攻擊是「武力攻擊事態」，除了原本已經投入保護美艦活動的護衛艦隊外，全體自衛隊也都接獲出動命令。

日本終於扣下了與中國直接衝突的扳機。

（與那國町）

與那國町公所收到來自政府和縣基於《國民保護法》所發出的全島避難指示，決定讓一千七百一十二名町民避難。在久部良港外，停靠了沖繩縣已準備好的客輪。為了讓居民搭上與那國町海運公司所屬的兩艘渡輪，町公所的職員急忙展開作業。

（美國）

布魯克斯總統（化名）在白宮召開緊急記者會：

「今天，中國軍隊開始入侵台灣。中國這種讓人難以容忍的野蠻行徑，是在國際社會。美國在任何狀況下，都有防衛台灣的責任；我已經下令印太軍隊出動。」

面對記者的發問，總統又表示：「我們不希望和中國展開全面性衝突，單純要排除侵略台灣海峽和台灣部隊而已。」布魯克斯總統表達了避免全面戰爭的意思。

聯合國祕書長發表聲明指出：「中國的行為違反聯合國憲章，應立刻停戰，軍隊應撤回中國本土。」

聯合國安理會召開緊急理事會，審議譴責中國的決議；但因為中國反對、俄羅斯棄權，演變成美中代表在相互吵嚷叫罵的情況下指責對方。

【登陸第二天】

（美國）

布魯克斯總統在華盛頓的美國國會再次發表演說，下令美軍出擊台灣海峽：

「中國對台灣的登陸侵略，違反了聯合國憲章，應該立刻停戰並撤回登陸部隊。若是繼續侵略，美國將依照《台灣關係法》修正案，和同盟國一起防衛台灣。」

（夏威夷）

印太司令部召開台灣防衛作戰會議。羅伯森司令官首先確認狀況：

「台灣海峽的情況如何？」

「有好幾百艘的民間貨輪正滿載軍事物資與士兵，航行在海峽中。」情報處長說明。

接著，司令官針對海上運輸破壞作戰計畫，向作戰處長進行確認。

「明日開始，我們會動用戰鬥機、戰鬥轟炸機的空射反艦飛彈，以及艦艇和潛艦的巡弋飛彈，對中國軍隊的海上運輸船團展開攻擊。同時，日本海空自衛隊的艦艇和戰鬥機為了護衛我方艦隊，也會投入作戰。」

最後，羅伯森司令官輕聲補充：

「華盛頓的命令是，絕對不能攻擊中國本土，避免全面性的核子戰爭。」

【登陸第三天】

破曉時分，美軍展開飛彈攻擊。

儘管中國海軍艦艇展開迎擊，還是有許多飛彈命中貨輪，船隻紛紛爆炸，燃起大火，沉入海中。

中國火箭軍也展開反擊。他們以美軍航空母艦為目標，從移動式載台發射出許多裝載傳統彈頭的東風21D飛彈。美日神盾艦進行迎擊，還是有一枚飛彈命中航空母艦雷根號的前甲板。中國刻意降低飛彈彈頭威力，這枚反艦彈道飛彈命中後並未爆炸，但它的破壞力還是很驚人；雷根號的船首嚴重毀損，向前傾斜，無法繼續航行。

在台灣海峽北部海域展開的中美兩軍空戰，在經過數小時空對空飛彈相互射擊激戰後，以兩軍皆損傷重大告終。

由於雷根號遭受重創，無法降落在母艦上的美國海軍軍機，只好緊急在石垣島機場著陸。

（南京）

在南京市的東部戰區司令部的地下作戰中心，林司令員正和後方勤務局長確認作戰狀況：

「東風21D重創美軍航空母艦一艘，獲致很大戰果。輸送船團的損害如何？」

「現正進行彙報中，但輸送船團有相當的數量被擊沉或遭到重創，情況嚴峻。如果不設法阻止美軍攻擊，登陸台灣本島的部隊將陷於孤立。」

作戰局長於是提議：

「司令員，攻擊日本嘉手納基地，阻止對方的航空作戰，如何？」

「不行。習主席（中央軍委會）有令，可以攻擊日本自衛隊基地，但不可攻擊駐日美軍基地，因為擔心導致全面核戰；只能將妨礙我軍作戰的美國海空軍戰鬥機與艦艇設為攻擊目標。」

「既然如此，我想發動航空攻擊，癱瘓日本的與那國島、石垣島、宮古島機場。」

「明白。」

「也要發動對與那國島與釣魚臺群島的攻擊作戰。」

中國軍隊要越過海拔三千公尺以上的中央山脈，對台灣東部沿岸進行空中機動作戰，是相當困難的事，能夠採取的唯一手段就只剩登陸作戰。

中國軍隊必須確保海上機動登陸艦隊能夠在台灣東部安全航行；基於這一個考量，於是決定占領與那國島。

在釣魚臺群島周邊海域，有數百艘中國漁船蜂擁而至。中央軍委會政治工作部下令，確保取得釣魚臺群島，以達成中國的國家核心利益。

為了避免損傷，日本海上保安廳的巡視船已離開該海域。中國貨輪駛近釣魚臺海面，船上的中國海軍陸戰隊員搭著小艇登陸釣魚臺。

（東京）

和田防衛大臣命令統合司令官指揮全體自衛隊部隊；統合司令官則按照防衛計畫與美日共同作戰計畫，向各部隊發出作戰命令。作為事前配置部隊，計畫在宮古島、石垣島和與那國島配置一個快速反應機動連隊。

空中自衛隊運輸機火速準備空運快反機動連隊；主力第八師團與第十四旅團、第十二旅團則利用運輸艦，逐次進行投入該區域。

第一空降團開始往鹿兒島機場移動。

【登陸第四天】

就在日本自衛隊快反機動連隊先遣部隊到達宮古島、石垣島的同時，中國軍隊展開飛彈攻擊。

按計畫，預定配置到與那國島的快反機動連隊要經由石垣島移動過去，所以先遣部隊留在石垣島待命。

（石垣島）

在石垣島，突破自衛隊防空網的中國軍隊巡弋飛彈，陸續命中自衛隊石垣駐屯地、新石垣機場、石垣港、火力發電廠、通信塔等目標。

石垣島位在沖繩縣的八重山群島，是僅次於沖繩本島與西表島的大島。它的行政區屬於石垣市，人口有四萬九千四百八十五人，是八重山群島的政治、經濟、文化、交通中樞。石垣市距離那霸市有四百一十公里、距離與那國島有一百二十七公里、距離台灣則有二百七十公里。這座大致呈五角形的島，面積為二百二十二平方公里，從島的東北端往東北方向，有野底半島與平久保半島細長突出；島中央有沖繩縣的最高峰，海拔五百二十六公尺的於茂登岳。島上最大的河川宮良川從這座山的山腰流淌而下。島的南部有許多珊瑚礁隆起形成的平地，為人口集中區。

日本陸上與海上自衛隊衛隊展開反擊。

位於石垣島東南海域的護衛艦，及位於東海的潛艦，發射出戰斧巡弋飛彈。部署在石垣島森林地帶的射擊陣地，也發射改良型十二式陸基反艦飛彈，對釣魚臺群島海域、與那國島海域的中國船艦造成重大損害。

中國海軍的戰鬥轟炸機對海上自衛隊護衛艦發射空射反艦飛彈，也再次對石垣島展開巡弋飛彈攻擊。

（與那國島）

與那國島全島都已避難完成，只剩自衛隊駐留在島上。由於中國軍隊的電子戰攻擊，他們和島外的所有通訊都已中斷。

與那國島（町）呈東西向的葫蘆型，島西端的西崎是日本最西端的領土。它屬於沖繩縣的八重山群島，離東京約二千公里，離那霸市五百零九公里，離石垣島一百二十七公里；和台灣只相隔一百一十公里；氣象條件良好的時候，甚至用肉眼就看到台灣。

這座島的面積為二十八點九五平方公里，全島周長約二十八公里，從西邊開始連續聳立著海拔一百九十八公尺的久部良岳、海拔一百六十七公尺的與那國岳、海拔一百六十四公尺的インビ岳（インビ，發音為「Inbi」）、海拔二百三十一公尺的宇良部岳。在島的南岸，有許多被波浪侵蝕的斷崖絕壁。

大批中國軍隊的運輸直升機降落在與那國機場，並占領該地。接著重裝備的中國軍隊從停泊在海上的貨輪開始登陸，包圍日本陸上自衛隊與那國駐屯地。

與那國駐屯地從早上開始，就遭受巡弋飛彈與自殺無人機攻擊，監視設施、燃料設施與彈藥庫都被破壞。入侵的中國軍隊與日本自衛隊交戰數小時，但自衛隊被裝備有輕戰車的中國軍隊壓制，與那國沿岸監視隊遭到解除武裝。

（釣魚臺群島）

中國海軍陸戰隊的一個連登陸釣魚臺群島的釣魚臺，揚起五星旗。他們在奈良原岳的谷地架設帳篷，在半山腰設置對空監視哨，進行警戒配備。部隊的補給與兵員輪替則由在海面上巡邏的貨輪負責。

沖繩縣石垣市所屬的釣魚臺群島，是由釣魚臺、北小島、南小島、赤尾嶼（日本稱大正島）等無人島所構成，總面積為五點五六平方公里。

釣魚臺位在釣魚臺群島最西端，是群島中最大的島，東西三點五公里，南北一點三公里，面積約三點六平方公里，南側是險峻的懸崖。島上有海拔三百六十二公尺的奈良原岳，以及海拔三百二十公尺的屏風岳。

（東京）

與那國島、釣魚臺群島釣魚臺被中國軍隊占領的事態，對日本政府造成重大衝擊。

岸本有介首相（化名）命令自衛隊統合司令官奪回這兩座島嶼，並要求美國政府提早啟動《美日安保條約》。

在日本防衛省地下的中央指揮所中，防衛大臣與統合幕僚長以下的幕僚，接受最高指揮官岸本首相的視察：

「我國正面臨與那國島與釣魚臺遭到中國軍隊入侵，這是前所未有的國家災難。我國的領土必須靠自己的力量奪回；我要陸海空自衛隊使出全力，執行作戰。」

在美日共同作戰協調所的作戰會議上，決定了在台灣作戰中，美日兩國分擔區域：

一、日方主導的作戰：與那國島—台灣海峽與先島群島

二、美方主導的作戰：巴士海峽、台灣東部沿岸與太平洋地域

重創的航空母艦雷根號由三艘二千噸級的大型拖船拖曳，在日本海上自衛隊護衛艦護送下，進入了橫須賀港。

在日本海上自衛隊神盾艦、增援到石垣島的航空自衛隊愛國者飛彈、陸上自衛隊零三式中距離地對空誘導彈等層層的防空網護衛下，美國海軍羅斯福號航母打擊群於石垣島西南海域附近展開部署；至於，尼米茲號航母打擊群則在巴士海峽入口附近的太平洋展開部署。

【登陸第五天】

「澳英美三方安全夥伴關係」的政府代表，和日本高層展開緊急視訊會議。在夏威夷，召開美日兩國外交部長與國防部長會議——2＋2會談。會後的記者會上，美國國務卿表示：「美英澳與日本政府將共同面對當前情勢。美國與同盟國將動用包含軍事在內的各種方法支援台灣。」

位於比利時布魯塞爾的北約總部，召開三十個成員國代表參加的理事會；雖然一部分國家發言表示，「和台灣沒有邦交會是個問題」，但還是對軍事援助台灣取得諒解。

美日澳印政府也召開了「四方安全對話」視訊高峰會，在支援台灣、重建印太地區和平安定上取得共識。

（台灣）

在台灣本島，中國軍隊與台灣軍隊的戰鬥日益激烈。

PL-1 第一次管制線
PL-2 第二次管制線
2 3 4 5 作戰區
陣地（團級）
陣地（旅級）
×× 師團
××× 軍團／防衛部
×××× 集團軍
凡例
福州
中國
第71集團軍
第73集團軍
台北港
基隆港
台北
PL-1
PL-2
新竹
第6軍團
登陸之初的目標線
台中港
A 軍團
台中
第10軍團
花東防衛部
花蓮
第72集團軍
B 軍團
澎湖群島
嘉義
台灣
台南
澎湖防衛部
第8軍團
高雄
高雄港
台東
0 50km
中國進攻路線圖

攻擊台北市西部地區的中國軍隊營級戰術群，採取戰車打頭陣的壓路機式蠻力戰法推進，一發現台灣軍隊陣地，就確實擊潰。中國軍隊的攻擊目標是位在新北市八里的台北港。台北港大型貨櫃碼頭是中國軍隊北部方面軍儲備後勤物資不可或缺的要地。

台灣軍隊則對在反戰車路障和河川障礙前暫停腳步，或正在處理障礙、進行架橋作業的中國軍隊，展開迫近射擊（以榴彈砲和迫擊砲射擊）；當中國軍隊陷入混亂後，再加入反戰車飛彈攻擊。

中國軍隊在新竹到桃園之間的海岸，完成巨大臨時碼頭；等待卸貨的貨輪，已在遠方海面上排成一整列。中國軍隊也在沙灘延續出去的平原地帶，完成巨大物資儲備場。

從台中市海岸登陸的中部方面軍以台中港為目標，而台南市海岸登陸的南部方面軍以台灣最大的港口高雄港為目標，雙雙持續激烈攻擊。

中國軍隊也往內陸的丘陵方向進軍。

台灣軍隊在丘陵地帶建構了反斜面陣地（在自軍與敵軍間的丘陵線，和敵軍相反方向斜坡上建構的陣地），隱蔽陣地位置，以出其不意襲擊的方式展開戰鬥。台灣軍隊將砲兵陣地隱蔽在森林地帶，作為防禦無人機攻擊的強韌戰力。台灣軍隊預料到中國軍隊的電子戰攻擊，所以使用有線電話及短距離雙向無線電，來確保部隊間的指揮聯絡。台灣軍隊事前也將彈藥、燃料、食物、水等資源，儲存在叢林、隧道或地下壕溝內，做好能夠長期戰鬥的準備。

（中國）

在東部戰區地下作戰中心，林司令員正聆聽作戰局長的戰況報告：

「各方面軍都已經逼近目標港灣僅數公里處，應該在幾天內就可以控制這些港灣。」

「若能控制台北、台中、高雄港，補給速度就會飛快提升。美軍的動向如何？」

「遭到重創的一艘航空母艦離開了作戰序列。一個航母打擊群在巴士海峽附近，另一個在日本先島群島南邊的太平洋上。在我軍反艦彈道飛彈的攻擊下，航空母艦的活動鈍化不少。」

「必須在美軍與西方各國正式軍事介入前，壓制住台灣才行；要各方面軍在攻擊前進上再加把勁。」

（夏威夷）

羅伯森司令官和日、英、澳軍司令官舉行了視訊會議。

「重創的雷根號官兵死傷五百餘人，正回航橫須賀。接下來會強化剩下的兩個航母打擊群對空防護能力；幾天內也會把我軍兩個海軍陸戰隊濱海作戰團配置到宮古島和石垣島；透過這種方式，我們會和日本自衛隊一起壓制中國軍隊的攻勢。」

英國艦隊司令官接著發言：

「伊莉莎白女王號航母打擊群不久就會抵達菲律賓的恩加諾角海面，接著會直接北上，在台灣東部海域加入美國海軍的作戰。」

澳軍艦隊司令官也跟著說：

「坎培拉號兩棲突擊艦不久會抵達巴士海峽附近，參與美國海軍的作戰行動。阿德雷德號兩棲突擊艦則會在石垣島西南方的太平洋海面上，和海上自衛隊的艦隊會合。」

最後是自衛隊統合司令官進行說明：

「以護衛艦『加賀』為中心的第四護衛隊群，正在護衛尼米茲號航母打擊群。以護衛艦『出雲』為中心的第一護衛隊群與掃雷隊群，正在石垣島西南方海域，準備奪回與那國島與釣魚臺。美軍航空母艦羅斯福號與澳軍兩棲突擊艦阿德雷德號也會參與這項作戰。作戰開始時間是兩天後。」

視訊會議後，羅伯森司令官就即將在台灣海峽展開的作戰，聽取作戰處長的報告。

「在此說明一下海上運輸破壞作戰計畫。我們會用一百五十艘自主無人潛艇，從巴士海峽北側的台灣恆春海面發動作戰。這些潛艇會乘著台灣暖流，從澎湖群島西側進入台灣海峽，襲擊中國軍隊的貨輪。」

「使用AI系統的水下無人機嗎？」

美國國防高等研究計畫署鎖定中國對台灣的入侵，著手研究開發水上、水下的無人機。在水下系統方面，有長程航行與長時間作戰的大型無人潛艇，以及能夠自主航行好幾個月、可用來探測對方潛艦的長程無人潛艇；在水上系統方面，則有能和母艦間進行即時聯繫的半潛艇。

烏克蘭戰爭是史上第一次將自爆水上無人艇投入實戰的例子，當時是對俄羅斯黑海艦隊展開襲擊；關於這點一直有種說法，認為這些無人機是美軍提供給烏克蘭。

「無人機會從偵察衛星接收到目標情報，鎖定大型貨輪攻擊。另外，我們計畫以水上無人機作為誘餌，從澎湖群島東側的澎湖水道部署前進。」

太平洋空軍司令官補充說：

「根據計畫，載有極音速飛彈的空射快速反應武器（ＡＲＲＷ）會同時加入戰鬥。」

美國陸軍在二〇二三年九月開始使用射程二千七百七十五公里的陸基長程極音速兵器（ＬＲＨＷ，滑翔型）；海軍則預計從二〇二〇年代中期起，運用和陸軍型共通化的常規迅速打擊飛彈（ＣＰＳ）。空軍在二〇二三年開始運用射程一千六百公里的空射快速反應武器，並預定進行極音速巡弋飛彈（ＨＡＣＭ）的發射試驗[37]。

「極音速飛彈的攻擊預定什麼時候開始？」

「即使加速生產，最快也要一個月以後才能使用。」

「這段期間，就只能靠航空攻擊與飛彈攻擊而已……台灣軍隊必須自求多福了。」

（東京）

在統合司令部地下指揮所內，自統合司令官以下人員齊聚一堂，進行奪回與那國島和釣魚臺的作戰會議。

有關奪回與那國島，計畫是先用空降團實施空降，接著用兩棲機動部隊實施登陸作戰。防衛部長進行報告：

「登陸與那國島的中國軍隊是以空中突擊旅的兩個營為主，人數約一千五百人左右。據判斷，現在主力部隊集結在祖納地區。負責奪回與那國島的自衛隊為第八師團第十二連隊戰鬥團、第二水陸機動連隊與第一空降團，指揮官為第八師團長。現在空降團在鹿兒島機場，師團主力則利用海上自衛隊運輸隊進行海上機動作戰。明天晚間十時，我們會讓第一空降團在與那國島東牧場地區進行夜間空降，對島上的中國軍隊發動正面攻擊。第二天凌晨四時，水陸機動連隊將作為先遣部隊，在比川濱登陸。在水陸機動連隊掩護下，第十二連隊戰鬥團也會跟著登陸。登陸後，兩個部隊會從後方對中國軍隊展開攻擊。」

接著是火力幕僚的報告：

「自衛隊登陸前，會先透過護衛艦『出雲』搭載的F-35B戰鬥機、美軍航空母艦與澳軍兩棲突擊艦的艦載機，進行登陸準備打擊。」

在與那國島的登陸，只局限在該島北部南達濱與南部比川濱兩地，因此會受到敵方集中火力射擊。自衛隊陣營雖會採取空降和兩棲登陸並用的作戰方式，但島嶼狹小，適合空降和登陸的地點都很有限，預期會有許多自衛隊員犧牲。

登陸支援打擊只能仰賴航空攻擊，且受氣象條件左右；因為飛行時間的緣故，持續性的火力支援也受到局限，且無法對目標進行臨機射擊。海上自衛隊並沒有兩棲突擊艦，因此登陸能力也算是一大挑戰。

【登陸後六～十日】

（鹿兒島）

位在鹿兒島縣霧島市的鹿兒島機場，駐紮有十三架C-2運輸機；其中十二架負責運輸空降隊員，一架負責運輸彈藥等物資。以第一空降團轄下的三個普通科大隊所組成的部隊，為了進行夜間空降，正在那裡待命。

在滑行道旁停機坪中待命準備搭機的隊員們，除了全副武裝外，還配備了十八公斤的主傘與七公斤的預備傘，再加上三十公斤的背包，合計總裝備達到六十公斤。

在機場管理大廈一樓辦公室內的團本部指揮所內，空降團長若松政彥（化名）陸將補，正在聆聽第三科科長的行前報告：

「C-2運輸機分成三個編隊，第一編隊的一號到四號機搭載第一普通科大隊與團本部，第二編隊的五號到八號機搭載第二普通科大隊與特科大隊，第三編隊的九號到十二號機搭載第三普通科大隊與後方支援隊。當編隊接近與那國島的時候，運輸機的速度會降低到二百五十公里以下。各運輸機在空降地點上空的飛行間隔為一分鐘，空降高度為三百公尺。空降從運輸機的兩側艙門同時進行，跳傘的間隔為一秒。空降完畢後，十三號機會將裝備、彈藥等物資投下。空降到與那國島上的全體人員為一千零七十人和重迫擊砲六門；預定空降開始時間為晚間十時。」

「空降高度不能再低一點嗎？」

「考慮到離島的氣象條件，把空降高度從通常的三百四十公尺降低到三百公尺，已經是極限了。」

「空降區域可能會有狹窄的海流，且若不在短時間內降落，也將成為敵人的目標。就把高度降低到二百公尺吧。」

「這樣太危險了，著陸時的衝擊可能會導致人員受傷。」

「我知道，但這是實戰，就從二百公尺進行空降吧。」

「瞭解。」

「護衛如預定進行嗎？」

航空自衛隊駕駛員的聯絡幹部回答：

「是的。新田原基地（宮崎縣）起飛的十二架F-15戰鬥機，會一直護衛我們到沖繩本島，從沖繩本島則會有那霸基地的F-35A戰鬥機十二架與F-2戰鬥機四架進行護衛。」

接著，一同參與空降作戰的航空自衛隊前線航空管制官報告說：

「在空降前，F-35B戰鬥機與美澳艦載機，會對東牧場與中國軍隊集結地點展開轟炸。」

晚上八時，航空運輸隊在打頭陣的一號機引擎轟鳴聲中陸續起飛，消失在南方的夜空中。

（與那國島）

晚上十時，航空運輸隊的一號機接近空降地點；機內的跳傘燈從紅色（STOP）變成黃色（READY）。

「準備空降！」機內的空降長向全體人員下達命令。隨著一聲令下，全體成員站起身來，將牽引主傘自動打開的引張帶（自動開傘索），掛到運輸機內拉開的鋼索上。

機內的跳傘燈轉變成綠色（JUMP）。

「跳！」

空降長踢了隊員的屁股一腳。

從運輸機左右兩側的艙門，空降隊員以一秒為間隔，開始跳入黑暗的夜空。編隊內各機間隔為一分鐘，編隊間隔為兩分鐘，全體空降完成大約要二十分鐘。

著陸的隊員切離降落傘，扛著背包，急忙奔向各中隊的集合地點。

第一空降團進行夜間空降後，在特科大隊重迫擊砲的火力支援下，以祖納聚落為前進目標，展開了攻擊。

他們在祖納聚落東側的丘陵地帶，和中國軍隊展開戰鬥。

迫擊砲彈伴隨著轟然巨響，擊中目標炸裂開來，燃起熊熊火焰。兩軍曳光彈的火線，在夜空中交錯縱橫。

中國軍隊原本預估，日方的反攻會很後面才來；不只如此，他們也沒有預想到美日會共同作戰，還加上澳軍的協助。

這種輕率的誤判，可以說讓中國軍隊喪失了增援與那國島的機會。不過，就算他們有想到對策，人民解放軍的主力全都傾注在台灣西部沿海戰場，很難進行大規模增援。

第二天早上，在比川濱附近，以第二水陸機動連隊為先鋒的奪還部隊主力登陸，開始向祖納聚落前進。

中國軍隊面對來自陣地前後的日本自衛隊攻擊，開始激烈抵抗。

自衛隊的戰力是中國軍隊的三倍以上，加上美日澳軍航空隊的攻擊掩護，戰況朝著對日本自衛隊有利的方向發展。

戰鬥開始三天後，自衛隊成功奪回了與那國島。自衛隊也死傷眾多，可說是一場犧牲慘重的勝利。

指揮地面部隊的若松空降團長，用無線電向設在運輸艦「大隅」上的師團指揮所第八師團長（奪還部隊指揮官）報告作戰完畢。

接獲報告後，第八師團長向在運輸艦上待命、負責奪回釣魚臺的第四十三普通科連隊增強空中突擊中隊下令，展開行動。

（釣魚臺群島釣魚臺）

釣魚臺是一座岩石嶙峋的孤島，面積狹小，可供隱蔽或掩蔽的地方相當有限。預計敵方的入侵部隊應該會低於一個中隊（連）。

奪還作戰若是能切斷敵方登陸部隊與海上部隊的聯繫，幾乎就等於是勝券在握。敵方會在暴露狀態下，遭到日本自衛隊的航空攻擊，同時也必須靠海上的船舶持續補給；因此可以判斷，當奪還部隊登陸時，敵方部隊應已被大致削弱。

早晨，美日澳的戰鬥轟炸機發射空射反艦飛彈，把在釣魚臺海面巡邏的中國軍隊貨輪與警戒艦艇一一重創與擊沉。

第二波航空攻擊，針對登陸的中國軍隊所屬一個連展開波狀轟炸。由於釣魚臺只有地形暴露的岩山，隱蔽地點不多，中國軍隊在波狀轟炸下，幾乎被殲滅。

陸上自衛隊的增強空中突擊中隊在該島降落，實施殘敵掃蕩作戰。到同日傍晚，釣魚臺的奪還作戰告一段落。

【登陸第四週】

中國軍隊入侵一個月左右，已經轉進到花蓮市的台灣總統府，此時發出強烈聲明，表示：「面對中國軍隊的侵略，我們將奮戰到最後一兵一卒；國際社會應設法遏止中國的野蠻行徑」。

中國國防部也用各種媒體發出訊息，宣稱：「對於不抵抗解放軍的台灣民眾，將獲得完全的保障，投降的台灣軍隊士兵也是如此。」

聯合國安理會因為中俄兩國的反對，無法召開理事會。對戰的國家，中國和美國是常任理事國，日本是非常任理事國，整個聯合國情勢變得異常複雜。

中、台、日、美的戰爭，開始對全球經濟產生劇烈影響。特別是在中國國內，因為海運幾乎停止，經濟陷入混亂，也開始出現公開批判政府的聲浪。

（台灣）

占領台北、台中、高雄港的中國軍隊，將補給管道從原先的海岸臨時碼頭，轉變成港灣，卸貨速度和數量都顯著提升。

邁入登陸的第四週，中國入侵部隊已經抵達當初劃下的入侵線，也就是從台北市到高雄市南部的海岸線，以及距海岸十公里的沿岸地帶。

在台灣北部的雪山山脈，以及從中部到南部的阿里山山脈山麓地帶，台灣守備部隊的戰鬥陣地依然存在。這些都形成中國機械化部隊在道路外行動的障礙；中國軍隊也很難攻陷山麓地區。

（台灣海峽海戰）

在中國與台灣之間，橫亙著巨大障礙台灣海峽；中國軍隊想要克服這道障礙的海上補給作戰，左右了武力犯台的成敗。

台灣海峽海戰從深夜開始，中國護衛艦隊對上美國海軍自主水下無人機及水上無人機發動攻擊，這是現代戰爭史上首次出現有人艦隊對上無人艦隊的海戰。

中國海軍巡防艦針對從澎湖水道出現的水上無人機，發射速射砲和機砲迎擊。趁著這個機會，水下無人機從澎湖群島西部海域潛入台灣海峽，以中國大型貨輪為目標，展開自殺攻擊。受到攻擊的貨輪發生大爆炸，掀起沖天水柱，並被火焰團團包圍，陸陸續續沉入海中。

同時，台北港、台中港及高雄港等被中國軍隊控制的彈藥燃料儲藏庫，也遭到美國空軍的極音速飛彈攻擊，發生大規模爆炸。

（中國）

東部戰區司令部陷入一片混亂，林司令員為了掌握狀況，來到廈門的前方指揮所。

「攻擊是從哪裡來的？」

「海上護衛司令部說，是從巴士海峽附近入侵台灣海峽的水下無人機。」

「有判明是哪一國的無人機嗎？」

「目前無法斷定是美國海軍或台灣軍隊。」

「損害程度如何？」

「對方現在仍在持續展開攻擊；光是大型貨輪就有幾十艘被擊沉，恐怕有相當於十幾個旅份量的彈藥沉入海中。不只如此，在極音速飛彈的攻擊下，各方面軍的補給品儲藏庫都遭到攻擊，損失了好幾個月份量的彈藥與燃料。」

「對作戰的影響到什麼程度？」

「直到掃除水下無人機、再度進行彈藥補給為止，應該有好幾個月都無法發動大規模攻勢了。」

徵用的民間船舶陸續遭到攻擊，將使中國船員信心動搖，這也讓中方感到憂心。

【登陸後五週～六週】

台灣軍隊對台灣西部沿岸展開逆襲。

對此進行掩護的美國空軍戰鬥機與台灣軍隊的損害都很大，護衛美軍艦艇與戰鬥轟炸機的日本航空自衛隊戰鬥機，也有好幾十架被擊墜。

在中國軍隊的巡弋飛彈與潛艦攻擊下，美國海軍艦艇與海上自衛隊護衛艦遭擊沉、重創的損害也日益增加。美軍不分晝夜，用飛彈與無人機針對運輸船團進行重點攻擊。

中國運輸貨輪沉沒等的損失，讓中國軍隊的續戰能力慢慢低落，艦艇損害也超過美日台海軍的損失。

從西部海岸地帶東進的中國入侵部隊，和山麓附近的台灣軍隊主陣地接觸，陷入消耗戰。

中國軍隊苦於彈藥補給不足，攻擊衝力日益低落。台灣軍隊從東部沿岸，透過中央山脈的聯絡道路進行地面運輸補給，狀況比中國軍隊佔上風。在美國與西方各國的支援下，台灣軍隊可以從安全無虞的東部沿海和太平洋地帶，源源不絕補充物資。

（中國）

中國國防部發言人發出強烈警告，表示：「台灣海峽的海上補給，目的是要運輸送生活物資給台灣的民眾，對海上補給線發動無人機攻擊，違反日內瓦公約。若是針對台灣西部解放地區的軍事設施持續發動飛彈攻擊，我軍將不排除使用核武。」

北京中央軍事委員會就台灣解放作戰的長期展望進行了討論。會議上的意見分成兩派，一派認為應該增援，繼續作戰；另一派則認為應該停戰，盡早結束戰爭。最後會議沒有得出結論。

在習近平主席周圍，也開始可以聽見究責戰爭失敗的呼聲。

新疆維吾爾自治區的恐怖攻擊，已經演變成破壞自治區政府設施的大規模事件。在西藏自治區，高喊獨立的武裝組織與武警之間，衝突日益擴大。面對這種混亂，中國中央政府判斷單靠武警已難應付，於是下令相關戰區司令部武力鎮壓。

中國外交部表示：「新疆維吾爾自治區與西藏自治區的恐怖攻擊行動，是美國情報機構在背後煽動，我們會斷然鎮壓。」

在中印國境靠近印度方的阿魯納恰爾邦部署的印度軍隊向中方通告，將舉行大規模軍事演習。中國西部戰區司令部命令部署在國境的部隊進入嚴密警戒狀態，士兵極度緊張。

【登陸後的幾個月】

台灣海峽與台灣西部沿岸成為中國軍隊的占領地區。

但是，台灣東部沿岸仍為台灣所控制，且得到美英澳海軍與日本自衛隊的支援。在美英澳海軍與海上自衛隊掌控的制海優勢下，西方各國的軍事援助與其他支援物資，從太平洋沿著海路不斷運抵花蓮港和蘇澳港等地。

台灣西部從平原到丘陵地帶，大致被中國軍隊掌控，中國和台灣的接觸線轉移到中央山脈等西部山麓附近。

台灣西部戰線陷入膠著狀態。台灣軍隊在森林地帶與錯綜複雜的山麓持續展開持久戰；在台北市、高雄市等主要都市地區，也有游擊隊進行游擊戰。

（中國）

入侵台灣的中國軍隊，將地面部隊司令部設置在距離台北市西南約八十公里的新竹市政府大樓內。東部戰區林司令員為了指導作戰，前來台灣聽取地面部隊司令員

（由東部戰區陸軍司令員兼任）彭德仁上將（化名）的戰況報告：

「在地面作戰上，台灣軍隊的抵抗超乎預期。在海上補給線方面，美台軍隊的頑強攻擊，對裝備補充與彈藥補給造成了極大的影響。」

「我也從戰區海軍司令員那裡聽聞了，聽說貨輪船員開始拒絕上船了。」

「在民生方面，對台灣居民的糧食、飲水、衛生等生活支援物資的運輸也停滯不前。現在整個補給作戰處於危機狀況，如此下去，我們的命脈會被切斷！」

「北京似乎有動作了，再忍耐一下，無論如何都要把戰線往前推進。」

戰爭演變成消耗戰，中國軍隊的士兵與裝備都有顯著消耗。

在海上，美軍與台灣軍隊的海空無人機和飛彈仍持續不輟攻擊著。

在瑞士日內瓦，中國與美、台、日的停戰交涉已經祕密展開——

以上是我預測的戰爭終局走向。

侵台戰爭的結局

中國軍隊的台灣登陸作戰算成功嗎？

就結論來說，算是成功沒錯。畢竟，如果不是確信一定能成功，中國高層是不會發動戰爭的。但作戰執行面發生了各式各樣的事件，挑戰不斷出現。他們應該要事先預料到計畫與實戰不同，不可能一切按表操課。

左右侵台戰爭成敗的最大癥結點，應該是登陸之後的地面攻擊與海上補給。這個階段可能是中國軍隊所遭遇的重大試煉。

美國智庫「戰略與國際研究中心」（CSIS）針對二〇二六年中國入侵台灣的可能性，進行了二十四次模擬兵棋推演，得出的報告結論是「中國武力犯台會失敗」[38]。

以「下一場戰爭中最初的戰鬥」為題的這份報告中，預測台灣海峽的障礙、台灣軍隊的抵抗，以及美日參戰，三種因素讓中國軍隊會以失敗告終，損失達到艦艇一百三十八艘、飛機一百六十一架、死傷二萬二千人（地面部隊七千人）。台灣方面的損失包括艦艇二十六艘、半數飛機，以及死傷三千五百人。

報告中預測：「在中國武力侵台的最初幾個小時，半數台灣海空軍將遭到破壞式攻擊。中國海軍會包圍台灣，以數萬士兵搭乘登陸艦艇與民間船舶渡過海峽，並派空降部隊在登陸據點的後方降落。可是開戰的同時，美軍也會介入，因此幾乎在所有的兵棋推演中，中國軍隊的侵台作戰都以失敗告終。台灣的地面部隊會襲擊登陸據點的中國軍隊；在日本自衛隊支援下，美國海軍也會擊沉中國軍隊的登陸船團。」

報告強調，「美國若要守住台灣，那就必須立即且直接加入戰鬥」；也就是說，美國的迅速介入，對防衛台灣不可或缺[39]。

負責台灣防衛的印太軍隊在介入中國武力侵台時，也必須將有重大損失的覺悟。根據「戰略與國際研究中心」的報告，美國預計會損失包括兩艘航空母艦在內的七到二十艘船艦，飛機超過二百七十架，兵員死傷七千人；美日都會遭受極大損失，美國在國際社會的地位將遭到削弱，中國海軍力量將遭到毀滅等級的重大損失。

可我們並不清楚中國實際武力犯台時，情勢是否會照著「戰略與國際研究中心」的報告演變，畢竟把這份報告當成一種政治訊息來解讀，會比較恰當。

這份報告所扮演的角色，是要對中國發出這樣的訊息：「不管中國採用怎樣的形式侵犯台灣，美國都會軍事介入，結果中國的犯台行動必將歸於失敗，所以最好不要冒險。」同時也對台灣傳達：「要像烏克蘭國民一樣奮戰到最後。」對日本傳達：「要不惜一切犧牲，與美國並肩作戰，以維持台灣海峽（台灣）的和平。」

這項模擬兵推的前提，是美軍迅速且正式介入，且台灣沒有早早投降。反過來看，若台灣在美軍介入前早早投降，中國就能夠獲勝；因此認知情報戰，就會變成侵台戰爭的關鍵。

當然，在西方各國支援，並對中國經濟制裁的情況下，台灣有可能奮戰到底，從而讓戰線陷入膠著。我們必須預想，中國占領西部沿海到中央山脈，台灣確保掌控東部沿海的動態，有可能會長期持續下去。

穿越中央山脈的聯絡道路相當有限，因此只要台灣守住聯絡道路上的重要地點，中方就不容易突破。

台灣以中央山脈為界，被分隔成東西兩半。若從安全保障的角度俯瞰整個國際大局，東亞留下朝鮮半島與台灣本島兩個火種的結果，會讓印太地區變得更不穩定。

日本的安全保障，未來會變得更加嚴峻。

若是戰線持續膠著，那日本也必須評估局勢演變成核子戰爭的可能性。一旦中國軍隊海上補給被切斷，且被逼到非得在撤退或投降之間做出抉擇時，毫無疑問習近平可能會動用核子武器。

武力犯台和習近平的政治生命息息相關，習近平絕對不允許戰事失敗。一旦他展開核子攻擊，必然造成毀滅性損害。最糟的情況，有可能發展成美中之間的核子大戰。

後記

透過本書，我想讓各位理解的是：一旦台海發生戰爭，日本的西南群島與海域將成為戰場，不論日本人願不願意，日本都必然會捲入其中。

倘若日本捲入戰事，為了守衛國民的生命與財產，現在該做哪些準備呢？除了徹底強化防衛力、提升嚇阻力外，日本政府也必須確切掌握事態的演變，並基於當時的狀況進行適切判斷，做好保護國民的準備，並展開防衛作戰。

我在擔任日本自衛隊陸上幕僚副長（相當於陸軍副參謀長）的時候，於二〇一三年九月參加了由首相安倍晉三主持，自衛隊高級幹部一同參與的招待會。席間我得到機會，向自衛隊的最高指揮官——安倍晉三首相詢問：

「首相所創設的國家安全保障局，在危急情況下要如何扮演好『日本司令部』的角色？」

「副長，即使建立了組織，也要靠政治家充分利用；在這種時候，就看首相如何運用。況且，政治家也有責任確保各位能夠在緊急狀態下全力應戰。所以，政治家身肩重任啊！」

當時安倍首相從容抒發己見的自信容顏，至今仍讓我難以忘懷。

一旦戰爭爆發，會有許多自衛隊員與士兵死傷，也會犧牲很多民眾。為了不讓台灣發生戰事，首先一定要盡最大的外交努力，這自是不在話下。克勞塞維茨曾說：「戰爭是政治的延伸，外交失敗就會導致戰爭。」作為外交的後盾，防衛力是必要的。故此，我們必須徹底強化防衛能力，作為嚇阻戰爭的力量，也讓政治家在靈活運用外交手段建構和平時，有憑藉的後盾。

戰爭不成就勝敗，只會造成國土荒廢與眾人犧牲。

二〇二三年四月

前中部方面總監・陸軍中將　山下裕貴

註解

1 「對今後五年間武力犯台深感憂慮」前美軍印太司令官（產經新聞，二〇二二年八月十九日發表）。
2 中國會比預期更早入侵台灣嗎？（時事通信，二〇二二年十月二十一日發表）。
3 透視中國侵略台灣的能力（《正論》，二〇二三年二月號）。
4 蔡總統主張「中華民國台灣」，是跨越統獨的選擇（中央社《台灣焦點》，二〇二〇年五月二十一日）。
5 路透社（Yahoo新聞，二〇二二年十月十日）。
6 讀賣新聞（二〇二二年十月十七日，早報六版）。
7 產經新聞（二〇二二年十月二十一日，早報七版）。
8 朝日新聞（二〇二二年十月十七日，早報二版）。
9 讀賣新聞（二〇二二年十月二十四日，早報九版）。
10 卸下習近平的假面（城山英巳，《文藝春秋》，二〇二二年十一月號）。
11 UNCTAD「REVIEW OF MARITIME TRANSPORT」（二〇一七年九月）。
12 台灣的防衛構想「可供將來的日本參考」前參謀總長李喜明（產經新聞，二〇二三年一月七日發表）。
13 讀賣新聞（二〇二二年十月十七日，早報三版）。
14 美國軍備管理協會資料（二〇二一年）。
15 台灣的防衛構想「可供將來的日本參考」前參謀總長李喜明（產經新聞，二〇二三年一月七日發表）。

16 《昭和十七年改訂　軍制學教程全》（陸軍士官學校，一九四二年（昭和十七年）七月發行）。

17 V-Dem研究所報告。

18 外務省首頁「台灣　基礎資料」。

19 《令和四年版防衛白皮書》（防衛省，二〇二二年，重要影響事態之對應與二二六頁註解八）。

20 俄軍在烏克蘭國境周邊集結了最大十九萬人規模的部隊（朝日新聞網路版，二〇二二年二月十九日發表）。

21 「俄軍入侵烏克蘭的可能性」（戰略國際問題研究所）。

22 每日新聞（二〇二二年四月七日，早報）。

23 克里米亞合併五年　不可忘記俄國的暴行（產經新聞「主張」，二〇一九年三月十八日發表）。

24 Pummelled by Ukraine's army, and stymied even by unarmed civilians, the Russian blitzkrieg is faltering（The Telegraph，二〇二二年二月二十七日）。

25 'Game-changing' drones helping Ukraine in battle for the skies（The Times，二〇二二年三月二日）。

26 防衛省首頁，戰況（來自美國國防部高層、英國國防部、烏克蘭軍參謀本部，二〇二二年三月十日）。

27 防衛省首頁，戰況（來自美國國防部高層、英國國防部、烏克蘭軍參謀本部，二〇二二年四月）。

28 朝日新聞數位版（二〇二二年二月二十五日發表）。

29 烏克蘭民眾志願參與防衛隊者日增／俄羅斯威脅觸發了愛國心（北海道新聞，二〇二二年二月六日，早報國際版刊載，共同通信）。

30 烏軍在東部哈爾可夫州奪回「東京都一點四倍大」的國土……俄軍「敗逃」（讀賣新聞線上，二〇二二年九月十二日發表）。

31 Ukrainian forces enter Lyman（www.theguardian.com, Guardian News & Media Ltd.,二〇二二年十月一日）。

32 陸軍上校因收賄罪遭起訴　在中台統一的「投降承諾書」上簽名（Yahoo新聞，二〇二二年十一月二十二日發表）。

33 《令和四年版防衛白皮書》（防衛省，二〇二二年，七二頁）。

34 《令和四年版防衛白皮書》（防衛省，二〇二二年，七一頁註解十一）。

35 路透社報導（Yahoo新聞，二〇二二年十月十日發表）。

36 自衛隊「網路防衛隊」以五百四十人態勢上路……中國有十七萬人，北朝鮮也有六千八百人（讀賣新聞線上，二〇二三年三月十七日發表）。

37 每日新聞（二〇二三年三月十二日，早報七版）。

38 中國武力犯台　失敗（產經新聞，二〇二三年一月十一日，早報三版）。

39 中國武力犯台　失敗（產經新聞，二〇二三年一月十一日，早報三版）。

主要參考文獻

《中華民國國防白皮書》（中華民國國防部，二〇一九年）。

《中華民國110年國防報告書》（中華民國國防部，二〇二一年）。

《令和四年版防衛白皮書》（防衛省，二〇二二年）。

《中國安全保障報告》二〇二二年（防衛省防衛研究所，二〇二二年）。

《中國安全保障報告》二〇二三年（防衛省防衛研究所，二〇二三年）。

《中國軍資料》（美國陸軍訓練與準則司令部編纂）。

《中國軍力報告》（美國國防部，二〇二二年）。

《美國議會年度報告書》二〇二一年「關於中華人民共和國，在軍事、安全保障上的展開」（日本國際問題研究所，二〇二二年三月）。

《國家安全保障戰略》（日本內閣閣議決定，二〇二二年十二月十六日）。

《國家防衛戰略》（日本內閣閣議決定，二〇二二年十二月十六日）。

《防衛力整備計畫》（日本內閣閣議決定，二〇二二年十二月十六日）。

《海外情況》二〇二二年七、八月號（拓殖大學海外事情研究所）。

《東亞戰略概觀》二〇二二年（防衛省防衛研究所）。

《防衛手冊》令和四年版（朝雲新聞社，二〇二二年）。

《漫步地球「台灣」》二〇一八－一九年（鑽石社）。

《軍事研究》二〇二一年三月號，「面對習近平的侵略台灣，日本該如何因應？」（Japan Military Review）。

《The Military Balance 2022》（The International Institute for Strategic Studies）。

資料篇

中、台、美、日
各國的戰力

中國・人民解放軍

二〇一五年起，進行大規模組織改革，將中央軍事委員會的總參謀部、總政治部、總後勤部、總裝備部等過大的組織各部權限分散後，集中到中央軍委會主席手中，並創立聯合參謀部、戰區，以強化聯合作戰的指揮系統。

1 中央軍事委員會的改組

・一廳・六部：辦公廳、聯合參謀部、政治工作部、後勤保障部、裝備發展部、訓練管理部、國防動員部。

・三委員會：紀律檢查委員會、政法委員會、科學技術委員會。

・五機構：戰略計畫辦公室、改革和編制辦公室、國際軍事合作辦公室、財務監察署、機關事務管理總局。

2 五軍種體制

新編為陸軍、海軍、空軍、火箭軍、戰略支援部隊五個軍種；特別是戰略支援部隊，是負責太空、網路、電子戰方面的重要新設軍種。

3從軍區到戰區體制

廢止一直以來的七軍區（瀋陽、北京、蘭州、濟南、南京、廣州、成都），創立作為「戰略方面最高整合作戰指揮組織」的新戰區（東部、南部、西部、北部、中部）。戰區由聯合指揮部與戰區陸軍、戰區海軍（艦隊）、戰區空軍構成，各戰區陸海空軍種作為武力提供者（force provider），向身為武力運用者（force user）的聯合指揮部提供部隊，形成美軍型態的整合組織。

（1）東部戰區

負責東海的防衛責任，亦即負責對台灣海峽、釣魚臺群島及其周邊的作戰，以及對台對日的作戰。

擁有陸軍三個集團軍、一個海軍艦隊、一個海軍航空師、兩個海軍陸戰旅、兩個空軍師、兩個空軍基地、一個火箭軍基地。指揮中國海警局與海上民兵的所有船舶，很有可能會擔任釣魚臺群島相關的作戰指揮。

二〇二〇年八月、九月，在台灣附近實施一連串的軍事演習。二〇二二年八月，對美國眾議院議長裴洛西訪台激烈反彈，實施大規模的軍事演習。

（2）南部戰區

負責包含東南亞與南海地域的作戰任務。主要責任是確保南海，並視台灣作戰情況支援東部戰區，從而保障對中國而言相當重要的海上交通路線。擁有陸軍兩個集團軍、一個海軍艦隊、三個海軍陸戰旅、兩個空軍基地、兩個火箭軍基地。必要時可以指揮在南海「九段線」內作戰的所有中國海警局與海上民兵船舶。

（3）西部戰區

負責中國最大的地域，亦即負責應對與印度紛爭及中國西部（西藏地區）叛亂分子的威脅。擁有陸軍兩個集團軍、兩個軍管區、三個空軍基地、一個火箭軍基地。在新疆負責作戰責任的武警部隊也有可能納入西部戰區的管制之下。新疆維吾爾自治區與西藏自治區的治安作戰為其重點。

（4）北部戰區

負責與蒙古、俄羅斯國境地帶的大部分，以及北韓、黃海的作戰。擁有陸軍三個集團軍、一個海軍艦隊、兩個海軍陸戰旅、一個特殊任務機械化師、兩個空軍基地、一個火箭軍基地。

（5）中部戰區

負責渤海延伸到中國內陸地帶的地域，和其他四戰區相連結。任務是防衛首都，確保中國共產黨領導班子的安全，並擔任其他戰區的戰略預備隊。擁有陸軍三個集團軍、兩個空軍基地、一個火箭軍基地。

陸軍

中國的地面戰力約為九十七萬人，規模次於印度、北韓，高居世界第三名。部隊由五個戰區陸軍、新疆軍區、西藏軍區編成。擁有由複數合成（混成）旅組成、作為野戰部隊的十三個集團軍，合計七十八個合成旅，是陸軍的作戰基本部隊。

近年正在進行部隊瘦身化、多功能化、模組化的改編，將重點放在作戰執行能力上、以期成為現代化的軍隊，同時也推動步兵的機械化與摩托化。

1 集團軍

負責戰區內戰鬥領域層級作戰的野戰部隊，共有十三個集團軍（合成集團軍）。以下是各戰區下轄的集團軍：

- 東部戰區：第七十一集團軍、第七十二集團軍、第七十三集團軍。
- 西部戰區：第七十六集團軍、第七十七集團軍、西藏軍區、新疆軍區。

・南部戰區：第七十四集團軍、第七十五集團軍。
・北部戰區：第七十八集團軍、第七十九集團軍、第八十集團軍。
・中部戰區：第八十一集團軍、第八十二集團軍、第八十三集團軍。

2 集團軍的下轄部隊

各戰區內的集團軍，其內部編成基本相同；不過中部戰區的第八十一、八十二集團軍，各有編制一個裝甲師。

・集團軍司令部：砲兵旅、防空旅、直升機旅（陸航旅）、化學旅、後勤支援旅、特種作戰旅。

3 旅的下轄部隊

旅分成重合成旅（戰車）、合成旅（機械化）、輕合成旅（摩托化）等三種類型。

・重合成旅：四個戰車營、自走砲營、防空營、偵察營、戰鬥支援營、勤務保障營。兵員五千人，戰車八十至一百一十二輛，自走砲十八至二十七門。
・合成旅：四個機械化營、自走砲營、防空營、偵察營、戰鬥支援營、勤務保障營。兵員五千人，步兵戰車一百二十輛、自走砲十八至二十七門。

・輕合成旅：四個摩托化營、自走砲營、防空營、偵察營、戰鬥支援營、勤務保障營。兵員五千人，輪式裝甲車一百二十輛、自走砲十八至二十七門。

海軍

一九九〇年代至二〇〇〇年代初期急遽現代化，戰力擴大，從沿海型海軍一躍成為遠洋型海軍，面目一新。由海面艦艇部隊、潛艦部隊、海軍航空部隊、沿岸防衛部隊、海軍陸戰隊構成，人數約二十五萬人。部隊配備為三個艦隊，北海艦隊（司令部：青島）負責黃海，東海艦隊（司令部：寧波）負責東海，南海艦隊（司令部：湛江）負責南海。以海上戰力來說，總噸位數是世界第二位，主要戰鬥機數是第三位，潛艦數是第二位。

・海面艦艇部隊擁有兩艘航空母艦、現代且高性能的驅逐艦、眾多巡防艦、護衛艦、飛彈快艇、兩棲突擊艦等。航空母艦運用能力尚處初期階段，但已經讓第三艘航空母艦（國產）就役，並計畫繼續建造，目標是打造僅次於美國、世界第二位的航空母艦艦隊。

・潛艦部隊以普通動力潛艦占多數，正在將舊型持續更新中，同時配備有少數核潛艦。

・海軍陸戰隊作為遠征型兩棲戰力，和美國海軍陸戰隊一樣置於海軍的管制下，但編成和裝備都近似於陸軍；總兵力為六萬到八萬人。

1 擁有的海上戰力

航空母艦兩艘、巡洋艦四艘、驅逐艦三十六艘、巡防艦一百一十七艘、巡邏艇一百零六艘、布雷艦五十七艘、兩棲突擊艦兩艘、登陸艦五十七艘、登陸艇六十艘、彈道飛彈核潛艦六艘、攻擊型核潛艦六艘、傳統動力潛艦四十六艘、補助艦艇一百五十七艘。

・負責對台灣作戰的東海艦隊戰力：

驅逐艦（昆明級／旅洋三級等）十一艘、巡防艦（054A／江凱二級等）二十三艘、小型巡防艦（056／江島級）十九艘、登陸艦（071／玉昭級等）二十四艘、攻擊型潛艦（基洛級等）十七艘。

2 海軍航空部隊

擁有戰鬥機、戰鬥攻擊機三百一十三架。

・戰鬥機：

第三代：戰鬥機殲8F二十四架、攻擊機殲轟7一百二十架。

第四代：戰鬥攻擊機殲10二十三架、殲11七十二架、殲15五十架、蘇30二十四架。

・轟炸機：轟6四十五架。

・空中加油機：轟6U五架。

・反潛直升機：卡28十四架、直9十四架、直18四架。

3 海軍陸戰隊

陸戰旅在北部戰區（山東省青島）、東部戰區（上海）、南部戰區（廣東省湛江）各配置有兩個。

・陸戰隊：六個陸戰旅、直升機旅、特殊作戰旅。

・陸戰旅下轄部隊：三個合成營、自走砲營、防空飛彈營、戰鬥支援營、勤務保障營。

空軍

包含約二千二百五十架作戰飛機（戰鬥機、戰鬥攻擊機、轟炸機等）在內，擁有二千八百架以上的飛機（無人機［UAV］等不算在內），是世界最大規模的空軍之一，也在進行組織改革與現代化。由航空部隊、空降部隊、防空部隊、雷達部隊、電戰部隊、通信部隊構成。

在航空戰力方面，正逐步由一九六〇年代的第四代戰鬥機，更新成第五代的最新多用途戰鬥機。雖然擁有和西方各國相匹敵的預警機、空中加油機、運輸機、電戰機等能力，但和美國空軍比起來數量較少。

最新型戰鬥機搭載了精密導彈，具有視距外作戰性能，並備有高性能感測器。

1 擁有戰力

擁有戰鬥機、戰鬥攻擊機（對地攻擊機）一千六百二十九架。

- 戰鬥機：
  第二代：戰鬥機殲7一百架。
  第三代：戰鬥機殲8五十架、殲7E二百四十架、攻擊機殲轟7一百四十架。
  第四代：戰鬥機蘇27一百二十七架、戰鬥攻擊機殲10超過五百二十五架、殲11B一百三十架、蘇30七十三架、殲16超過一百七十架、蘇35二十四架。
  第五代：戰鬥攻擊機殲20A超過五十架。
- 轟炸機：轟6H七十二架、轟6K一百架、轟6N超過四架。
- 電戰機：運8、運9超過十七架。

- 預警機：空警2000四架。
- 大型運輸機：伊爾76二十架、運20超過三十一架。
- 空中加油機：十六架。
- 偵察機：殲8F四十八架。
- UAV：超過二十六架。
- 投入台灣的東部戰區空軍戰力：
  配置多數戰鬥機（蘇30、殲20、殲16、殲11、殲10）、轟炸機（轟6）。

2 空降部隊（空軍）

各國都是由陸軍擁有空降部隊，但人民解放軍是將其編組在空軍當中，配置在中部戰區（湖北省孝感），編成類似於集團軍，但支援部隊較少。

- 空降兵軍：四個空降兵旅、空降兵機械化旅、空中突擊旅、航空運輸旅、特殊作戰旅、戰鬥支援旅。
  旅下轄部隊。
- 空降兵旅：三個空降機械化步兵營、自走砲營。

- 空降兵機械化旅：三個機械化步兵營、自走砲營。
- 空中突擊旅：三個空中突擊營、牽引式輕榴彈砲營。

火箭軍

延續第二砲兵部隊的走向，除了戰略飛彈部隊與火箭部隊的運用外，也負責長程巡弋飛彈的運用。擁有超過一千座短程、中程、洲際彈道飛彈，以及超過三百座的長程巡弋飛彈。

戰略支援部隊

二〇一六年創立。除了國家規模的太空、網路、電戰任務外，也負責針對大規模軍事作戰的情報支援與情報作戰，是一支整合性的部隊，集結了來自軍事組織與非軍事組織的許多特殊人員，也支援人民解放軍與非軍事組織、產業界，以強化合作關係為目標的「軍民團結」任務。

情報活動又區分為戰略情報與戰術情報。戰略情報是國家長期關注的領域；戰術情報則是直接支援人民解放軍的情報蒐集活動，具體來說，包括了電波情報、電子情報、航空照片與衛星照片的解析等。

聯勤保障部隊

二〇一六年創立。作為保障聯合後勤和戰略、戰役支援的主力部隊，意圖建構現代戰爭不可或缺、整合且不浪費、有效率的後勤體系。

預備役部隊

一九八三年創立，一九九〇年代到二〇〇〇年代開始專業化。總數約五十一萬人，由陸軍預備役、海軍預備役、空軍預備役、火箭軍預備役構成。

準軍隊

1 人民武裝警察部隊（武警）

中央軍委會指揮下中華人民共和國武力的構成要素之一，人數約六十六萬人。主要任務是維護國內治安、執行海洋法、突發狀況下擔任人民解放軍的後方支援以及執行救災。由內衛總隊、機動總隊、海警總隊構成。內衛總隊管轄各省、直轄市、各自治區；機動總隊沒有特定管轄地域，由兩個機動分遣隊構成，機動分遣隊又有複數分隊。

2 海警總隊（中國海警局）

從屬於武警部隊，負責中華人民共和國的海洋主權執行、監視、漁業資源保護、查緝走私等海洋權益之保護。

二〇一〇年以來，千噸級大型巡邏船從六十艘擴大到超過一百三十艘，是世界最大的沿海警備隊。新造船隻在能力上有所提升，設有直升機庫與大型水砲，並搭載了從三十公釐到七十六公釐的機關砲；還有七十艘以上的五百噸級高速巡邏快艇，沿岸巡邏艇超過四百艘、近海、河川巡邏艇約一千艘左右。

3 中國海上民兵

由可以動員的民間人士所組成的預備戰力，不存在於中央組織，而是以市鎮與企業單位來編組。位處所謂灰色地帶，在達成中華人民共和國政治目的之活動上扮演主要角色。許多海上民兵船舶是跟著中國海軍及海警局一同進行訓練，也協助海軍及海警局並參與執行海洋權益的保護、監視、偵察、後勤支援、搜索、救難等任務。

台灣軍隊

台灣軍隊的地面戰力，含海軍陸戰隊在內約為十萬四千人。陸軍配置分成第一到第五作戰區。海上戰力除了從美國引進的紀德級驅逐艦等外，也有國產的護衛艦等，艦艇的國產化正在推進中。到二〇二六年將有國產護衛艦「沱江」級十一艘，二〇二三年中也開始推動建造八艘潛艦的計畫。航空戰力擁有F-16（A、B、V型）戰鬥機、國產的經國號戰鬥機等。

自一九五一年起實施徵兵制，但在二〇一八年底改為志願役制。不過中華民國國防部表示，中華民國國民仍有受四個月（二〇二四年起，改為一年）軍事訓練的義務，也就是「志願、徵兵並行制」。

緊急狀態時，陸海空軍合計約能動員一百六十六萬人。二〇二二年一月，將預備役與官民戰時動員的相關部門整合為「全民防衛動員署」。

陸軍

陸軍司令部設置在桃園市，按防衛作戰區的設定，將部隊配置如下：

- 第一作戰區（澎湖群島）：澎湖防衛部。
- 第二作戰區（花蓮、台東）：花東防衛部。

・第三作戰區（新竹以北、宜蘭）：第六軍團。
・第四作戰區（台南以南）：第八軍團。
・第五作戰區（苗栗以南、嘉義以北）：第十軍團。
・馬祖島：馬祖防衛部。
・東引島：東引地區防衛部。
・金門島：金門防衛部
總兵力約九萬人，戰車五百六十五輛、輕戰車六百二十五輛、裝甲車一千二百二十輛、直升機二百七十三架。

海軍

海軍司令部設在台北市，共在四個地點設有海軍基地：
・基隆基地（基隆市）：巡防艦隊。
・蘇澳基地（宜蘭縣蘇澳鎮）：驅逐艦隊、反潛艦隊。
・左營、高雄基地（高雄市）：艦隊指揮部、驅逐艦隊、掃雷艦隊、登陸艦隊、潛艦戰隊、陸戰隊指揮部、反潛航空大隊。

・馬公基地（澎湖縣馬公市）：驅逐艦隊。

飛彈驅逐艦四艘、巡防艦二十二艘、巡邏艇四十四艘、布雷艦十艘、補給艦四艘、登陸艦九艘、潛艦四艘、飛機五十九架、陸戰隊約一萬四千人、兩棲戰鬥車輛二百二十五輛。

空軍

空軍司令部設在台北市，共在八個地點設有基地：

・松山基地（台北市）：松山基地指揮部。
・新竹基地（新竹市）：第二戰術戰鬥機聯隊。
・清泉崗基地（台中市）：第三戰術戰鬥機聯隊。
・嘉義基地（嘉義市）：第四戰術戰鬥機聯隊。
・台南基地（台南市）：第一戰術戰鬥機聯隊。
・屏東基地（屏東市）：第六混合聯隊。
・志航基地（台東市）：第七戰術戰鬥機聯隊。
・花蓮基地（花蓮市）：第五戰術混合聯隊。

F-16戰鬥機一百四十一架、幻象戰鬥機五十五架、經國號戰鬥機一百二十七架、F-5戰鬥機八十七架、預警機六架、反潛機十二架。

美國印太軍

司令部在夏威夷州歐胡島的海軍陸戰隊史密斯營。作為美國十一個聯合軍之一，擁有最悠久的歷史，管轄地域包括了太平洋、印度洋、大洋洲、東亞、南亞。

太平洋陸軍

・阿拉斯加陸軍（阿拉斯加州）。
・第八軍（韓國）：第二步兵師。
・第一軍團（華盛頓州）：第七步兵師、第二十五步兵師、第十一空降師。
・駐日美國陸軍（座間市）。

太平洋軍區的陸軍兵力含駐日美國陸軍約二千五百人在內，約為三萬五千人。

太平洋艦隊

・第七艦隊（橫須賀市）。

・第三艦隊（加州）。

・駐日美國海軍（橫須賀市）。

艦艇約二百艘，太平洋軍區的海軍兵力約三萬八千人。第七艦隊是以一個航母打擊群為中心所構成。

太平洋海軍陸戰隊

・第一遠征軍（加州）。

・第三遠征軍（宇流麻市）。

在日本配置有第三海軍陸戰師，以及擁有F-35B的第一海軍陸戰隊航空團。太平洋軍區的海軍陸戰隊兵力約為二萬九千人。

太平洋空軍

・第五航空隊（橫田基地）。

・第七航空隊（韓國）。

・第十一航空隊（阿拉斯加）的一部分。

駐日美國空軍（橫田基地）。

在日本配置有第五航空隊第十八航空團、第三十五戰鬥航空團、第三百七十四空運航空團。

第五航空隊司令官兼任駐日美軍司令官。太平洋軍區的空軍兵力約為一萬九千人。

日本自衛隊

二〇二一年（令和三年度）末，三自衛隊的體制（裝備數是二〇二二年〔令和四年度〕預算完成時）如下：

陸上自衛隊

方面隊五個、師團九個、旅團六個、地對空導彈部隊群六個暨連隊一個，以及陸基反艦飛彈連隊五個。

- 員額：常備自衛官十五萬五百九十人、即應預備自衛官七千九百八十一人、預備自衛官四萬六千人。
- 主要裝備：戰車三百五十輛、火砲三百三十門、機動戰鬥車二百輛、裝甲車九百九十輛、飛機三百二十架。

海上自衛隊

護衛隊群四個、掃海隊群一個、潛水隊群兩個、航空群七個，以及地方隊五個

- 員額：四萬五千三百零七人、艦艇一百四十一艘、總噸位五十一萬二百噸、飛機二百七十架。
- 主要裝備：護衛艦五十四艘、潛艦二十二艘、其他艦艇六十五艘、作戰用飛機一百四十架。

航空自衛隊

戰鬥機部隊十二個、運輸機部隊三個、空中加油•運輸部隊兩個、警戒飛行部隊三個、航空警戒管制部隊二十八個，以及地對空導彈部隊六個。

- 員額：四萬六千九百二十八人。
- 主要裝備：戰鬥機二百九十架、運輸機四十架、空中加油•運輸機十架、預警機二十架。

Horizon視野005

完全模擬侵台戰爭

完全シミュレーション台湾侵攻戦争

作者　山下裕貴
翻譯　鄭天恩
總編輯　林奇伯
文字編輯　鄭天恩、楊鎮魁
校對　詹宜蓁
封面設計　Atelier Design Ours
美術設計　Atelier Design Ours

出版　明白文化事業有限公司
地址：231 新北市新店區民權路 108-3 號 6 樓
電話：02-2218-1417　傳真：02- 8667-2166
發行　遠足文化事業股份有限公司（讀書共和國出版集團）
地址：231 新北市新店區民權路 108-2 號 9 樓
郵撥帳號：19504465 遠足文化事業股份有限公司
電話：02-2218-1417
讀書共和國客服信箱：service@bookrep.com.tw
讀書共和國網路書店：https://www.bookrep.com.tw
團體訂購請洽業務部：02-2218-1417 分機 1124
法律顧問　華洋法律事務所 蘇文生律師
印製　博創印藝文化事業有限公司
出版日期　2024 年 6 月初版三刷
定價　420 元
ISBN　978-626-97974-6-2（平裝）
978-626-97974-7-9（EPUB）
書號　3JHR0005

國家圖書館出版品預行編目 (CIP) 資料

完全模擬侵台戰爭 / 山下裕貴著 ; 鄭天恩譯 . -- 初版 . -- 新北市 : 明白文化事業有限公司出版 : 遠足文化事業股份有限公司發行 , 2024.05
面；　公分 . -- (Horizon 視野 ; 5)
譯自 : 完全シミュレーション台湾侵攻戦争
ISBN 978-626-97974-6-2(平裝)

1.CST: 國際關係 2.CST: 區域研究 3.CST: 地緣政治

578.19　　113002964